# 経済安保が社会を壊す

島薗進
井原聰
海渡雄一
坂本雅子
天笠啓祐

地平社

目次

序章

# なぜいま経済安保を問題にするのか

島薗 進

## 日本学術会議の人事への政治介入

日本学術会議の人事に対する政府の介入によって、学術界と政府の関係が悪化し、未だに関係修復のめどが立っていない。二〇二〇年一〇月一日、菅義偉内閣総理大臣が日本学術会議会員候補者二一〇名のうち六名の任命を拒否したことがきっかけとなっている。このような政府の学術会議への人事介入はこれまでになかったことであり、法令上も根拠のないことである。

そこで、学術会議側はあくまで六名の任命を求め、任命しない理由を示すよう求めたが、政府はそれに応じなかった。それだけではなく、日本学術会議のあり方に問題があるとして、学術会議のあり方の抜本的変革を行なおうとしている。それは学術会議を政府の意思に従属させる結果を招くとして学術界は抵抗を続けているが、政府側は押し切る姿勢である。

政府は日本学術会議のあり方に関する有識者懇談会を設け、二〇二三年の八月から審議を開始し、同年一二月には中間報告をまとめたが、そこでは日本学術会議の法人化が提案されている。これまでは政府直属の機関だったのを法人化するのは、独立性を高めるように見えるかもしれない。ところが、中間報告の提言の内容を見ると、実際にはこれまで以上に政府の意志が働くような組織形態になっている。

たとえば、主務大臣の任命により監事を置き、日本学術会議評価委員会（仮称）を設けることになっている。また、会員以外の有識者が多数を占める会員選考助言委員会（仮称）や運営助言委員会（仮称）も設けることになっている。さらに法人化された場合の財政基盤が不明確である点も気になるところである。

このように政府が日本学術会議の人事への介入を行なったり、制度枠組みの変更を求めるようになった理由は明確に述べられてはいない。だが、二〇一七年三月二四日付けで日本学術会議安全保障と学術に関する検討委員会が「軍事的安全保障研究に関する声明」を出したことが関わっていると考えるのは理由のないことではない。

## 軍事的安全保障研究に関する声明

「軍事的安全保障研究に関する声明」ではまず、日本学術会議は創設以来、「戦争を目的とする科学の研究は絶対にこれを行わない」という考え方を保持してきており、これを継承すると述べている。

日本学術会議が一九四九年に創設され、一九五〇年に「戦争を目的とする科学の研究は絶対にこれを行わない」旨の声明を、また一九六七年には同じ文言を含む「軍事目的のための科学研究を行わない声明」を発した背景には、科学者コミュニティの戦争協力への反省と、再び同様の事態が生じることへの懸念があった。近年、再び学術と軍事が接近しつつある中、われわれは、大学等の研究機関における軍事的安全保障研究、すなわち、軍事的な手段による国家の安全保障にかかわる研究が、学問の自由及び学術の健全な発展と緊張関係にあることをここに確認し、上記二つの声明を継承する。

その上で、「学術研究がとりわけ政治権力によって制約されたり動員されたりすることがあるという歴史的な経験をふまえて、研究の自主性・自律性、そして特に研究成果の公開性が担保されなければならない」とし、「軍事的安全保障研究では、研究の期間内及び期間後に、研究の方向性や秘密性の保持をめぐって、政府による研究者の活動への介入が強まる懸念がある」と述べる。そして、二〇一五年度に発足した防衛装備庁の「安全保障技術研究推進制度」にふれ、「将来の装備開発につなげるという明確な目的に沿って公募・審査が行われ、外部の専門家でなく同庁内部の職員が研究中の進捗管理を行うなど、政府による研究への介入が著しく、問題が多い」としている。

これは政府が推し進めようとしている軍事的安全保障研究の公募に、学術研究者と学術機関が積極的に応じることを好ましくないとするものである。そのもっとも重要な理由は、軍事的安全保障研究は研究の自由を妨げる恐れがあるということだ。

## 集団的自衛権と安全保障関連法制

二〇一七年の日本学術会議のこの声明と二〇二〇年の政府による学術会議への人事介入、そしてその後の政府による日本学術会議のあり方の改編の動きの間には、密接な関係があると考えざるをえない。それに加えて、これに先立つ時期に、学術界と政府が鋭く対立する事態が生じていたことを思い出してもよいだろう。

二〇一四年七月一日、安倍内閣は集団的自衛権を使えるようにするため、憲法解釈を変更することを臨時閣議で決定した。これに対して憲法学者をはじめとして学界からは批判が相次いだ。二〇一五年五月にこの憲法解釈変更を前提とした安全保障関連法案が国会に提出されたが、六月四日の衆議院憲法調査会では、自民・公明両党が推薦した参考人を含め、三人の有識者全員が集団的自衛権の行使容認は違憲であるとした。

これに呼応するように、すぐに安全保障関連法制に反対する学者の会が作られ、一万数千人の学者・研究者が賛同人となった。安全保障関連法制は二〇一五年九月に国会で賛成多数で成立するが、これは反対する学者らの声に共鳴する世論を押し切った形となった。

強引とも見える政府の対応への世論は、その後、支持がいくらかなりと上昇してはいるが、その速度は遅い。『朝日新聞』二〇二〇年一二月一八日号は、「安保関連法、初めて賛否が逆転」という記事を掲載して以下のように述べている。

一五年六月から法成立までの調査では、いずれも反対が五割を超えていました。九月下旬、法成立直後の調査では賛成三〇%に対し、反対五一%。自民支持層は六〇%が賛成でしたが、民主支持層（当時）では八四%が反対と答えました。委員会で採決が強行された国会での進め方には六七%が「よくなかった」。当時の安倍晋三内閣の支持率は三五%まで落ち、この時点での過去最低を記録しました。

翌年から、反対は徐々に減りました。毎年三～四月に実施する郵送調査では、反対は一六年五三％↓一七年四七％↓一八年四四％と半数を切りました。一方、賛成は一六年三四％↓一七年四一％↓一八年四〇％と推移しました。

強引に押し通した安保関連法だが、既成事実を作ることによって、世論もそれに従う方向へと少しは動いていった。それでも賛否が相半ばする状況だった。

## 力の支配と政治腐敗

世論を押し切って強引に政権の意思を通すという政治手法は、安倍政権に特徴的だった。二〇二二年以後の岸田政権と比べるとその相違は明らかだろう。力で押し切るという安倍政権のやり方は軍備強化の姿勢とも通じるし、政治腐敗とも通じている。「もり・かけ・さくら」と並べて批判された森友学園問題、加計学園問題、桜を見る会の問題は、二〇一七年から一九年にかけて報道され、安倍首相は多くの批判を浴びた。いずれも安倍首相が個人的に縁故のある個人や団体が、政府によって優遇されたのではないかと疑われた事態だ。安倍政権はこれらの疑惑に応えることなく、逃げ切ろうとしたのだった。

しかし、安倍政権が倒れた後、岸田政権下に政治腐敗の問題は露わになり、清和会（安倍派）系が主体の統一教会とのもたれ合いの問題や、安倍派を中心とする派閥の裏金問題が自民党を揺るがすようになる。それは二〇二二年以後のことである。

だが、そうしたなかでも安保法制に対する批判は後退したままである。世論のこうした動向は、政権が既成事実化したことに人々が抗いにくくなっているという事実がある。前出の『朝日新聞』の記事は、次のように述べている。

賛成する理由の一つに、中国の海洋進出や北朝鮮の核開発などの日本周辺の安全保障環境への不安があるようです。一八年調査では、こうした安保環境に不安を「感じる」人は「大いに」四八％、「ある程度」四四％を合わせて九割以上に達しました。そして不安を「大いに感じる」層では、四八％が安保関連法に賛成と答え、反対の三九％を上回っていました。

以上のような動向の上に、「経済安保」をめぐる提起が行なわれるようになる。そこでは、中国を念頭に置きつつ、日本の軍備増強と「戦争ができる国」とするための体制構築が目論まれている。それについて述べるに先立って、その背景となる二〇一〇年代の世界情勢とそこでの日本の位置についての大きな変化の流れを見ておきたい。

## 二〇一〇年代の転換

二〇一〇年代は、世界的に新たな戦争への懸念が高まるようになった時期として捉えることができる。二〇一四年にはロシアがウクライナのクリミアを自国領土に編入した。ウクライナではこれに対応して民衆の変革運動が起こり、それはマイダン革命とよばれている。

地中海から中東に至る地域では、二〇一一年以来、チュニジアのジャスミン革命やエジプトの民主化革命が起こり、続いてシリアは内戦状態になる。イラク戦争が終結し、米軍は撤退の時期を探っていた。そうした状況のもと、シリアとイラクの国境地帯を中心にＩＳＩＬ（イスラム国、ＩＳ）が勢力を張り、中東地域の不安定化が増していた。

中国では二〇一二年に胡錦濤にかわって習近平が共産党中央委員会総書記と党中央軍事委員会主席に選出され、次第に権力を一手に掌握するようになる。これを受けて、香港では二〇一四年に「雨傘運動」とよばれた反政府運動が起こり、台湾でもそれに先立って「ひまわり学生運動」が起こる。そこでは、「今日の香港、明日の台湾」という言葉が広まり、中国の影響が拡大することへの懸念が大きな動機になっていた。

実際、その後、香港では民主化勢力が徹底的に抑圧され、一国二制度という建前は有名無実化し、中国の支配が貫徹するようになる。その後は「台湾有事」が恐れられ、中国が軍事力で台湾への支配を進める可能性が論じられるようになる。少し早い時期だが、ミャンマーでもサフラン革命とよばれる民主化運動が起こっていたが、二〇二一年の国軍によるクーデター以後、抑圧的な体制となり、二〇二四年現在、内戦が進行している。

日中関係という点からは、二〇一二年、日本政府が尖閣諸島を国有化したことが、関係悪化の大きな要因となった。これに対して中国政府は批判報道を進め、反日デモが起こり、一部は暴徒化するものもあった。これを受けて、米国のパネッタ国防長官は「尖閣諸島は日米安保条約の適用範囲内であり、軍事的な衝突に発展すれば、アメリカも関与せざるをえない」と表明するに至っている。

日本で民主党政権が倒れたのは同年一一月、第二次安倍政権が成立するのは、この直後の一二月二六日だった。安倍首相はそれからちょうど一年後の二〇一三年一二月二六日午前、靖国神社を参拝する。これは中韓両国から厳しい反発を受ける。中国の王毅外交部長は同日の午後に抗議声明を発している。中国の習近平政権と日本の安倍政権はともに就任早々、自国中心主義的な姿勢を打ち出し、日中関係の緊張が高まったのだった。

## 安全保障の範囲の拡大

マイダン革命、ジャスミン革命、エジプト民主化革命、雨傘運動、ひまわり運動、サフラン革命というように、二〇一〇年代の前半には民主化を求める運動が盛んだった。二〇一一年の福島原発災害を契機とする日本の脱原発の運動も、そうした動向とあい通じるものだった。だが、二〇一二年末の第二次安倍政権の成立以降、日本では強権的な体制と軍備強化の動向が目立つようになった。

世界的にも民主化の動きは停滞し、二〇二〇年代に入ってロシアのウクライナ侵攻（二〇二二年二月）やイスラエルのガザ侵攻（二〇二三年一〇月）によって戦争や虐殺が広がり、戦火の拡大への懸念が一段と深刻なものになっている。世界の諸地域で高まる民主化への意思と、システム（国家や大組織）の力に依存する政治がせめぎ合っている。

二〇一〇年代はこうした葛藤のなかで、世界的に国際的緊張が高まり、戦火が起こるのに備えるという気運が広がる時期だったと言えるだろう。そのなかで東アジアでは経済的には関係が深まってきた。にもかかわらず、中国では国家意思の強化が進み、日本では国際的影響力を強める中国を脅威として認識し、それに対して領土や独立を守るために備えなくてはいけないという気運が強まっていった。

ウクライナ戦争、中東等の地域紛争による経済の不安定化も、ブロック経済的な動きを刺激し、資源や生産物の確保への意識を高めている。他方、環境問題、とりわけ地球温暖化と気候変動の影響がこれまで以上に強く意識されるようになった。世界的な人口増加による食糧や他の資源の不足や枯渇の可能性も時折、報じられている。

また、この間に戦争に関わるテクノロジーの発展も著しく、ＩＴやＡＩの発展によりサイバー攻撃やドローン攻撃が現実のものとなり、テクノロジーに関わるインフラや資源の取り合い、奪い合いなどの脅威に備えることの必要性も認識されるようになっていった。宣伝や情報を利用して軍事的な優位につなげようとする姿勢も強まっている。安全保障のための政策の範囲が際限なく拡張していく傾向が進んでいる。

## 戦争に備える日本の政策の背景

今ひとつ、この時期の大きな変化として、米国の覇権の低下と軍事的な優位の相対的な後退ということがある。中国が有力な対抗勢力に成長してきたということがあり、世界の諸地域で米国の軍事力が他の勢力の軍事力行使への抑止力としての信頼性を失っていったという事態がある。

二〇〇一年の米国同時多発テロの後、米国はアフガニスタンとイラクに侵攻し、西アジアから中東に至る地域で対抗勢力の台頭を抑えようとしたが、あいついで失敗し、撤退を余儀なくされている。日本は同盟国である米国の軍事力に頼るだけでは不十分であることを意識するようになる。また、米国からもますます軍事力の強化を求められるようになっていった。

二〇一二年の年末から二〇二一年に至る第二次安倍政権が、軍事力の強化と憲法改正を強く打ち出したのは、以上のような背景がある。米国との同盟関係を維持強化し、中国や北朝鮮の脅威に対抗して防衛力を強化する。また国民が自国に対する誇りをもって、近隣諸国への優越意識をもち、「戦争ができる国」になろうとするというのが、第二次安倍政権の姿勢だった。軍事的な優位が失われるなかで、何とか国際的な影響力を維持しようとする米国に引きずり込まれるように、日米同盟のもとでの軍事的負担を増やし、軍事増強を支持する国内体制を築こうとしてきた。

これは兵器産業など軍備強化に協力したい産業界の一部だけではなく、軍事利用をも視野に入れた最新科学テクノロジーの開発に力を入れたい産業界や官僚体制、そして一部の科学者らの望む関連分野の発展と波長が合うところである。しかし、これは自由で広く社会に開かれた学術、また、力による支配ではなく開かれた討議と合意形成を尊ぶ民主的な社会制度の維持・発展を損ない、抑圧する可能性に通じてもいる。

## 「新しい戦前」

「新しい戦前」という言葉で警戒されているのは、こうした新しいタイプの抑圧的な体制が整えられていることと関わりがある。二〇二二年度の末に、タレントのタモリがテレビ番組「徹子の部屋」で二〇二三年はどのような年になるかと問われ、「新しい戦前」と答えて話題になった。実際、二〇二三年には辻田真佐憲『「戦前」の正体——愛国と神話の日本近現代史』（講談社現代新書）、内田樹・白井聡『新しい戦前——この国の〝いま〟を読み解く』（朝日新書）などが刊行され、「新しい戦前」という意識が広く共有されていっているように感じられる。

世界的に見ると、二〇二三年はイスラエルとハマスの戦闘、そしてイスラエルによるガザ侵攻が行なわれ、これがさらに中東の広い地域の戦争へと広がっていくことが懸念された。また、それに先立ち、二〇二二年二月末にはロシアがウクライナに軍事侵攻し、以後、長期に及ぶ戦闘が続いている。東アジアでは、これらを受けて中国による台湾の軍事統合の動き（台湾有事）があるのではないかとの恐れが高まっている。

すでに世界では戦時中の地域が広まり、これがさらに拡充し、自分たちの国や地域もそれに巻き込まれていくのではないかという不安がじわじわと浸透している。ウクライナに隣接するヨーロッパ東部地域、中東の諸地域、韓国や日本も顕著にその傾向が見られる地域だろう。

このように二〇二二年から二〇二三年にかけて、にわかに「新しい戦前」への懸念が高まったところがある。だが、日本ではもっと前から「新しい戦前」が意識され、論じられていた。たとえば、山崎雅弘『戦前回帰——「大日本病」の再発』（学研、二〇一五年）、海渡雄一編著『戦争する国のつくり方——「戦前」をくり返さないために』（彩流社、二〇一七年）といった書物も刊行されている。山崎の書物は早い段階のもので、この頃から「新しい戦前」が、募る懸念とともににしばしば語られるようになってきた。

## 「戦争ができる国」への準備

「戦争ができる国」への準備という観点から、第二次安倍政権のもとで進められた政策を検討している海渡雄一編著『戦争する国のつくり方』に従って、その諸側面を整理してみよう。まず、法体制の軍事化・治安立法化がある。二〇一三年の特定秘密保護法、二〇一五年の安全保障関連法制、二〇二二年には経済安保法（経済安全保障推進法）、二〇二三年には防衛費を関連予算を含めてGDP比二％に倍増するための財源確保特別措置法、防衛産業基盤強化法が成立している。

経済安保法や防衛産業基盤強化法は経済の軍事化を目指したものである。一九七六年以来、武器輸出を禁止する、あるいは慎むとする原則が維持されてきたが、これを撤廃し、積極的に武器輸出を行なう方向で軍需産業を強化しようという方向性が示されている。

内閣府のウェブサイトに掲載されている経済安保法の「法律の趣旨」によれば、「この法律は、国際情勢の複雑化、社会経済構造の変化等に伴い、安全保障を確保するためには、経済活動に関して行われる国家及び国民の安全を害する行為を未然に防止する」ことを目指しており、（1）重要物資の安定的な供給の確保、（2）基幹インフラ役務の安定的な提供の確保、（3）先端的な重要技術の開発支援、（4）特許出願の非公開に関する4つの制度を創設するものだ。戦時に備えた経済体制を構築するという方向性で、経済全体にわたって安全保障、ひいては軍事的な観点からの統制や方向づけが意図されている。

『ニッセイ基礎研究所報』Vol67（二〇二三年七月）に掲載された矢嶋康次「経済安保と成長戦略」では、「日本における経済安保、その最大の焦点が〝中国〟だということは間違いがない。日本は地理的にも近い中国と経済的な結び付きが深く、米国のように強硬な対応が迫られると、企業のマイナス影響が強く出てしまう。本来、企業としては避けたい事態といえる。しかし、ロシアのウクライナ侵攻が始まって以降、経済安保が必要だという認識は、企業の間でも急速に広がっている」と指摘されている。

## セキュリティ・クリアランス制度

また、軍事に直結する安全保障的な意図のもとで情報や言論、さらには学術を統制したり、方向付けたりしようとする政策が推し進められている（井原聰他『国家安全保障と地方自治――「安保三文書」の具体化ですすむ大軍拡政策』自治体研究社、二〇二三年）。二〇二四年一月一九日には、内閣官房から「経済安全保障分野におけるセキュリティ・クリアランス制度等に関する有識者会議」による「最終とりまとめ」が発表されている。

この制度は、機密とされる情報に接する資格を与えるものである。特定の範囲の情報（CI、Classified Information）を定め、それを保持し扱う人を限定し、外に漏れたりしないようにするものだ。政府の職員だけでなく、兵器の製造や軍事転用が可能となる技術を扱う民間機関の担当者も対象となる。サイバー空間やＡＩ＝人工知能、また宇宙関連技術など、軍事転用が可能な技術の範囲が広がるなかで、こうした分野で秘密を守る体制を拡充するための制度だ。

担当者に資格を与える際は、政府が、その個人や身辺の調査、またその人が属する企業の情報管理体制などを審査して適格性を確認する。資格を与えられた人は、情報を管理する特別なルールによって、厳格な守秘義務が課せられ、漏洩させた場合には厳罰が科せられる。その人が属する民間組織は、政府と一体となって安全保障、ひいては軍事体制へと組み込まれていく。二〇一三年に制定された特定秘密保護法と同様の方向性をもつが、その範囲が大幅に拡張されることになり、民間企業や学術界への影響は大きい。

米国をはじめとする諸外国との経済や科学技術面における協調と人的交流という面からも喫緊の課題であるとされるが、実際には敵味方を分けて、味方の間での結束を強め、外部への情報流出を防ぐ体制が目指されることになる。企業活動も学術もそこに組み込まれていくことが懸念される。

## 緊急事態条項と言論・学問

自民党などが推し進めようとしている憲法改正の案のなかには緊急事態条項が含まれている。自民党の憲法改正草案（二〇一二年四月二七日）では第九十八条、九十九条がそれにあたる。

（緊急事態の宣言）

**第九十八条** 内閣総理大臣は、我が国に対する外部からの武力攻撃、内乱等による社会秩序の混乱、地震等による大規模な自然災害その他の法律で定める緊急事態において、特に必要があると認めるときは、法律の定めるところにより、閣議にかけて、緊急事態の宣言を発することができる。（以下略）

（緊急事態の宣言の効果）

**第九十九条**　緊急事態の宣言が発せられたときは、法律の定めるところにより、内閣は法律と同一の効力を有する政令を制定することができるほか、内閣総理大臣は財政上必要な支出その他の処分を行い、地方自治体の長に対して必要な指示をすることができる。（以下略）

この緊急事態条項は主に戦争を視野に入れ、国家の意思のもとに社会統制を強め、人的資源を動員しようとするものである。法体制の軍事化・治安立法化や経済の軍事化は秘密保護法や安保法制に始まり、新たな段階である経済安保法制やセキュリティ・クリアランス制度はすでに具体化が進んでいる。この動きをさらに一歩押し進めたところに、憲法改正の柱の一つである緊急事態条項がある。

冒頭にあげた日本学術会議をめぐる問題も、ここまで述べてきたような世界的、東アジア的文脈のもとで捉える必要があるだろう。以下の諸章では、この章で概要を示してきた動向について、さらに詳しく論じ、現段階における「新しい戦前」、また「戦争ができる国」への歩みを明らかにし、それに歯止めをかけ、平和への歩みを進める道について考えていく。

参考文献

池内了／隠岐さや香／木本忠昭／小沼通二／広渡清吾『日本学術会議の使命』岩波書店、二〇二一年
井原聰／川瀬光義／小山大介／白藤博行／永山茂樹／前田定孝『国家安全保障と地方自治――「安保三文書」の具体化ですすむ大軍拡政策』自治体研究社、二〇二三年
内田樹／白井聡『新しい戦前――この国の〝いま〟を読み解く』朝日新聞出版、二〇二三年
海渡雄一編著『戦争する国のつくり方――「戦前」をくり返さないために』彩流社、二〇一七年
辻田真佐憲『「戦前」の正体――愛国と神話の日本近現代史』講談社、二〇二三年
長谷川雄一／水野和夫／島薗進編『自壊する「日本」の構造』みすず書房、二〇二三年
山崎雅弘『戦前回帰――「大日本病」の再発』学研教育出版、二〇一五年

第1章

# 経済安全保障とは何か

井原 聰

ウクライナ戦争の勃発をきっかけに、経済安全保障がにわかに焦点化した。時あたかも「経済施策を一体的に講ずることによる安全保障の確保の推進に関する法律」(以下、経済安保法、二〇二二年五月成立)が国会審議されている最中であった。

医薬品、半導体、レアメタル、IT製品、プログラムなど、中国だけに頼っていてはたいへんなことになる、調達先を多様化して強靭化しよう、中国への技術流出を防ごう——ということで、対中国政策を敵対的なものに転換した米国の求めに、岸田政権はよく追随した。

ところで、経済安全保障の定義そのものは経済や安全保障の多義性を反映して定まったものがあるわけではないが、経済安全保障政策として展開されている政策の法的根拠を検討することで、特にこの国の経済安全保障がめざすものが何たるかを知ることができると考える。

今日の大軍拡政策と呼応した政策展開について、ここではその危険性を指摘したい。

## ウクライナ問題にことよせた立法化

経済安保法について政府は「国際情勢の複雑化、社会経済構造の変化等により、安全保障の裾野が経済分野に急速に拡大する中、国家・国民の安全を経済面から確保するための取組を強化・推進することが重要」と述べている(内閣府ウェブサイト「経済安全保障推進法の制定経緯・趣旨」)。

このスタンスは経済安保法案審議の中で政府が一貫して主張してきたもので、NHKや新聞などのマスメディアばかりでなく、多くの野党も賛同した(共産党とれいわが反対)。経済安保法案をめぐっては、「くらしと産業を守る」という反対のしようのない名分につけこんだ審議展開となり、国会では法案にしかけられた真の狙いを解明するに至らなかったといってもよいだろう。

この法案審議の「追い風」となったのがウクライナ問題であり、米国の対中国戦略の変化にともなって生じた重要物資の安定供給の確保や基幹インフラへのサイバー攻撃問題であって、ここでもことさらに危機が煽り立てられ、経済安保法は成立に至った感がある。

経済安保法を推進してきた自民党衆議院議員の甘利明（新国際秩序創造本部元座長）は、法成立の前年、「危機感が非常に薄いと言わざるを得ない。経済安保の対応を誤れば、企業どころか国全体が、国際的なサプライチェーンから除外されかねない。さらに今回のコロナでわかったことは、日本が抱える脆弱性だ。医療用品の輸入が止まったら、たちまち医療現場は混乱に陥ってしまう。つまり『一国を殺すにはミサイルはいらない』のだ。戦略物資のサプライチェーンや備蓄制度の根本的な見直しを考えなければならない」と述べていた（『一国殺すのにミサイル不要』脆弱な日本に危機、甘利氏」『朝日新聞』デジタル版、二〇二一年三月二一日）。

岸田首相も二〇二一年一一月一九日に開催された第一回経済安全保障推進会議で、「世界各国が戦略的物資の確保や重要技術の獲得にしのぎを削る中、我が国の経済安全保障の取組を抜本的に強化することが重要です。本日、一回目となる経済安全保障推進会議では、サプライチェーンの強靭化や基幹インフラの信頼性確保などを通じて、我が国の経済構造の自律性を向上させること、人工知能・量子などの重要技術の育成に取り組み、日本の技術の優位性、ひいては不可欠性を確保すること、基本的価値やルールに基づく国際秩序の維持・強化を目指すこと、この三つの目標を、我が国が目指す経済安全保障政策の大きな方向性として、関係閣僚間で共有いたしました」と述べていた。

経済安保法案の担当であった小林鷹之大臣は「米中関係がどのような状況になったとしても、日本の意思と能力で国民の命と暮らしを守り切れる態勢を作り上げることが重要だ。基軸を持たなければいけない。それがなければ、同盟国・米国とは連携という名の追随になりかねない。……法案の四本柱のうち、基幹インフラの事前審査と特許の非公開は規制色が強いが、サプライチェーン強化と官民技術協力は民間を支援する内容だ」と述べ（『朝日新聞』デジタル版、二〇二二年三月三一日）、さらに、経済安保法の三つ目の柱の「研究協議会」（後述）に関わって、「正確に申し上げたいと思いますけれども、この法案の枠組み、官民の技術協力の協議会の枠組みですけれども、これは、将来の国民生活や経済活動の維持にとって重要な先端的な技術の育成を図るものであって、そもそも防衛装備品を始めとする具体的製品の開発を直接支援するものではないんです」とまで答弁していた（衆議院内閣委員会、議事録、二〇二二年三月二五日）。

すなわち、経済安保法が短時日のうちに成立し得たのは、これが経済施策であるとする政府の印象操作によるところが少なからずあったといってよい。

## かつての国際協調主義

かつて日本に経済安全保障戦略をしかけてきた国があった。ほかならぬ米国である。いわゆるエコノミック・ステイトクラフト（経済的手段を用いて国益を追求する権謀術数）がそれである。

当時、日本やEC諸国の経済成長により、アメリカ経済の比重は相対的に低下し、ドルの圧倒的威信を背景とした戦後経済体制は歴史的転換を迫られていた。これを背景として、日本がとるべき基本姿勢は次のようであるべきとした報告書が出された。それは、当時の大平正芳首相が、一九七八年の組閣直後、「二一世紀を展望した中長期の政策ビジョンを検討立案するため」に発足させた政策研究会によるものである。その要約文から抜粋する。

欧米諸国と連帯し、自由と互恵の原則を中心にした国際経済体制の発展に積極的に貢献し、そのために必要なコストを分担しなければならない。

賢明に制御された自由主義的国際経済体制の利益は、先進国の節度と協調に基づく安定的ルール運営によってのみ実現される。

多様化する第三世界や社会主義圏を含めた新しい安定的な国際秩序を創造するためには、自由市場原理の弾力的な運営が要求される。

対外経済関係の改善は、単に経済面での協力によって達せられるものではない。平和外交をもとにして、文化・科学・技術など広範な国際交流を行うことが不可欠である。

大平政策研究会・対外経済対策研究グループ、一九八〇年九月

さらに、この大平政策研究会のもとに九つ設置された研究グループのうちの一つである「総合安全保障研究グループ」は「①相互依存の体系の運営、維持（自由貿易体制の維持、南北問題の解決）②中間的方策（経済的に重要な国々との友好関係）③自助努力（備蓄、自給力、生産性や輸出競争

力の維持）とも述べていた。

一九七九年五月二日、経済・貿易問題の協議のため訪米した大平正芳首相は、ホワイトハウスのスピーチで日本の首相として初めて「日米同盟」という表現を口にした。一方で、その組織した政策研究会のレポートは、平和外交による国際協調主義を謳っていたのである。

さらに一九八一年一二月、通商産業省（現・経済産業省）の産業構造審議会総合部会経済安全保障問題特別小委員会は、「これまで我が国は、経済的な安全確保のための特別な配慮を払うことなく、経済的な効率、合理性を追求することにより経済発展を遂げて来られたが、……より幅広い視点に立った政策への変更の必要性が国内的に認識されるようになり、……また、我が国経済力の国際的意義、役割について、世界、特に西側諸国に理解を求める声が高まってきた」と幅広い国際協調の姿勢を確認していた。そして、日本の貢献分野では「平和憲法を有する我が国が果たしうる役割は軍事面では大きな制約があり、経済を中心とした分野で世界システムの安定に最も貢献するのではないか」としたうえで、三つの政策課題「①世界経済システム機能の維持・強化、②重要物資の安定供給の確保、③技術開発を通ずる国際社会への貢献」を提起し（「経済安全保障の重要性」一九八一年一二月二六日、企画室執務参考資料、通産政策史資料）、軍事力増強には難色を示していた。

この小委員会での検討を経て、通商産業調査会の報告書『経済安全保障の確立を目指して』（一九八二年）では、③の技術開発を通ずる国際社会への貢献について、次のように結論した。

創造的な技術開発のたゆまぬ努力を基礎としつつ、……まず、技術開発の基本目的として「人類共同の財産の構築」という視点を重視することである。資源、エネルギー、環境、等の諸制約が人類の将来に影を投げかけている今日、技術の力によってこれらを克服していくことが我々の生存と発展のための最大の課題であり、かかる技術は、人類共同の財産としていくべきである。

かつての日本政府の「経済安全保障」政策は、このようなものであった。安保関連法制を強行採決し、集団的自衛権を容認した好戦的スタンスの現在の自公政権で、こうした見地をとりえないのは言うまでもない。かつては経済競争の相手が米国という友好国であり、日本が平和憲法の国際協調主義を遵守する姿勢を保っていた時代だったからこそ、今日のような危険な経済制裁や輸入制限などの対抗措置の応酬ではなく、外交的な交渉が優先されたといえる。緊張の高まる今日こそ、対抗する国のリスクをともなう行為をセーブするためにも、振り返るべき歴史的事例だと考える。

## 経済安保法の枠組み

前述の国際協調主義は、よく引き合いに出される憲法前文の「われらは、いづれの国家も、自国のことのみに専念して他国を無視してはならないのであって、政治道徳の法則は、普遍的なものであり、この法則に従ふことは、自国の主権を維持し、他国と対等関係に立たうとする各国の責務であると信ずる」に合致するものであるが、先に触れた甘利氏の好戦的な「力には力を」という姿勢とは大きくかけ離れている。現在推進されている経済安全保障は、この「力には力を」の政策展開といえ、それを法的に根拠づけたものが経済安保法であると言えよう。そこで、この法律の枠組みを、まず整理しておく。

この法律は自民党の「提言」（「『経済安全保障戦略策定』に向けて」自民党新国際秩序創造戦略本部、二〇二〇年一二月一六日）にある「戦略的自律性」と「戦略的不可欠性」という二つの枠で構成され、その枠にはそれぞれ二本の柱が置かれ、計四本の柱によって構成されている。

戦略的自律性は「サプライチェーンの多元化・強靭化」および「基幹インフラの供給・確保」、戦略的不可欠性は「技術基盤、先端技術・機微技術の研究開発」および「特許非公開」、いわゆる秘密特許からなっている。（表1）

法律の目的では、「安全保障の確保の推進に関する基本的な方針を策定するとともに、安全保障の確保に関する経済施策として、特定重要物資の安定的な供給の確保及び特定社会基盤役務の安定的な提供の確保に関する制度並びに特定重要技術の開発支援及び特許出願の非公開に関する制度を創設すること」（第一章、傍点筆者）とあるが、基本方針は法案審議ではいっさい提起されず、法案成立後に短時日のうちに政令で決定され、施行となってしまった。

国会審議にかけられないまま閣議決定された基本方針「経済施策を一体的に講ずることによる安全保障の確保の推進に関する基本的な方針」（二〇二二年九月三〇日）では、「これまでのように自由で開かれた経済を原則とし、民間活力による経済発展を引き続き指向しつつも、国際情勢

## 表1　経済安保法の主な枠組みと主な問題点

| 提言の主な柱 | | | 条 | 主な内容 | 主な問題点 |
|---|---|---|---|---|---|
| 第1章　総則 | | | 1-5 | 目的，**基本方針**　安全保障を確保するため合理的に必要と認められる限度において行なわなければならない． | ○合理的に必要というあいまいな定義で恣意的運用が可能． |
| 戦略的自律性 | Ⅰ 第2章 | サプライチェーン多元化・強靭化 | 6-48 | **基本指針，特定物資の管理・支援・統制**（半導体，蓄電池，医薬品，レアアース，パラジウム，クラウド，肥料，船舶関係等）国民の生存や国民生活・経済活動に甚大な影響のある物資． | ○民間の経営判断だけでは強靭化は達成できないとする見解は国家統制への危険あり．<br>○輸入制限によって相手国の対抗的措置を誘因しかねない．<br>○自由貿易主義，国際協調主義を破棄して米国のいうなりになって緊張を高める可能性が大．<br>○企業活動の効率化の劣化．<br>○官民癒着・忖度，事業者への官の天下り，アメと鞭の危険性． |
| 戦略的自律性 | Ⅱ 第3章 | 基幹インフラ供給・確保 | 49-59 | **基本指針，特定社会基盤事業の管理・支援・統制**（①電気，②ガス，③石油，④水道，⑤港湾・船舶，⑥鉄道，⑦貨物自動車運送，⑧外航貨物，⑨航空，⑩空港，⑪電気通信，⑫放送，⑬郵便，⑭金融，⑮クレジットカード） | ○サイバー攻撃によるシステム障害対応ということで，詳細な電子情報システムの政府への報告などを通じて営業秘密情報が政府に吸い上げられる．<br>○生産基盤の整備や供給源の多様化，備蓄などの取り組みについて事前審査が必要となり，設備投資の遅れ，企業活動の停滞や効率の劣化のおそれがある．経済合理性との矛盾．<br>○管理運営会社まで対象となり，大手企業を対象とするとはいえ広く国家統制への道を開く危険性がある．<br>○官民癒着・忖度，事業者への天下り，アメと鞭の危険性． |
| 戦略的不可欠性 | Ⅲ 第4章 | 技術基盤 | 60-64 | **基本指針**，特定重要技術の定義なし（先端技術・機微技術の研究開発）<br>研究協議会・シンクタンク等による研究遂行・管理，官民伴走→社会実装．<br>国費による先端技術研究は特定重要技術になりうるか監視の対象． | ○秘密の定義が不明で恣意的運用の危険性あり．<br>○基礎科学研究情報，技術開発情報の政府による管理統制の恐れ．<br>○政財界の課題解決型科学技術振興による科学・技術のゆがみ（特にシンクタンク，協議会による社会実装型，成果達成型のゆがみ）<br>○シンクタンクに学位授与の機能まで検討し人材吸引．<br>○先端研究分野での大学・研究機関，日本学術会議も一つのシンクタンクになりかねない問題が含まれている．<br>○防衛に直結するとして先端科学技術を政府が囲い込み，軍事研究推進のメカニズムになり得る． |
| 戦略的不可欠性 | Ⅳ 第5章 | 特許非公開 | 65-85 | **基本指針**，秘密特許（特許の非公開）秘密の定義なし，事前審査，補償制度あり，申請者の不利益を支援する対策なし． | ○歯止めのない軍事研究推進のおそれ．<br>○特許非公開にかかわる研究発表の差し止め，技術開発の停滞．<br>○研究交流への規制，研究の自由の侵害．<br>○個人情報の収集管理及び統制．<br>○軍事研究総動員体制への危険．<br>○恣意的運用の危険性 |
| 第6章　雑則 | | | 86-91 | | |
| 第7章　罰則 | | | 92-99 | 15条，19条，20条，22条，37条，38条，40条，47条，48条，50条，52条，54条，58条，62条，63条，64条，67条，70条，73条，74条，77条，78条，80条，84条，92条，94条（計26ヶ条に罰則規定あり） | |
| 附則 | | | 1-11 | | |
| 附帯決議 | | | 1-17 | 十四 情報を取り扱う者の適性について，民間人も含め認証を行なう制度の構築を検討した上で，法制上の措置を含めて，必要な措置を講ずること． | ○セキュリティクリアランスの法制化を求めている．監視社会への入り口． |

の複雑化、社会経済構造の変化等に照らして想定されるさまざまなリスクを踏まえ、経済面における安全保障上の一定の課題については、官民の関係の在り方として、市場や競争に過度に委ねず、政府が支援と規制の両面で一層の関与を行っていくことが必要である」として、民間には「過度に委ね」ずに規制をしていく姿勢を打ち出したのである。これは、国会における基本指針の議論を回避しながら、「新しい資本主義のグランドデザイン及び実行計画――人・技術・スタートアップへの投資の実現」(二〇二二年六月七日閣議決定)の考え方を閣議決定で盛り込んだものといえる。

そして、「政府の関与が規制という形をとる場合は、本来自由な経済活動に対する政府による関与は安全保障を確保するため合理的に必要と認められる限度で実施するとともに、このような規制対象となる主体が、規制による想定外の不利益が及ぼされる可能性に委縮し、本来予定していた経済活動を過度にためらうことのないよう、規制の対象範囲や考え方をあらかじめできる限り明確にすること」と、民間企業などが委縮したり活動をためらったりしないよう規制の対象範囲や考え方を明確にしておくとはいうが、実際には、対象範囲や考え方の基準が示されていないために、規制の厳しさ、統制の範囲などを政府が意のままにできる仕掛けとなっている。

こうした手法は、社会のありようを政府が好きなように変えていくことのできる仕掛けであり、ファシズム的手法が忍び込まされている、と指摘しておきたい。

## 「守りの姿勢」という戦略的自律性

### ■特定重要物資

経済安保法の枠組みでは、特定重要物資の入手を特定の国、特に中国に偏って依存することなく多元化せよというのが「守りの姿勢」の戦略的自律性だとする。ここでいう特定重要物資とは「国民の生存に必要不可欠な又は広く国民生活・経済活動が依拠している重要な物資（プログラムを含む）又はその生産に必要な原材料、部品、設備、機器、装置若しくはプログラム」（「経済安保法」第七条）とされたものである。

二〇二二年一二月、はやくも特定重要物資として、抗菌性物質製剤、肥料、永久磁石、工作機械・産業用ロボット、航空機の部品、半導体、蓄電池、クラウドプログラム、天然ガス、重要鉱物及び船舶の部品の一一物資が政令で指定された。二〇二三年一月一九日には「重要鉱物」に、金属鉱産物として新たに加えられたウランをはじめ「マンガン、ニッケル、クロム、タングステン、モリブデン、コバルト、ニオブ、タンタル、アンチモン、リチウム、ボロン、チタン、バナジウム、ストロンチウム、希土類金属、白金族、ベリリウム、ガリウム、ゲルマニウム、セレン、ルビジウム、ジルコニウム、インジウム、テルル、セシウム、バリウム、ハフニウム、レニウム、タリウム、ビスマス、グラファイト、フッ素、マグネシウム、シリコン及びリン」が指定され、（「重要鉱物に係る安定供給確保を図るための取組方針」経済産業省）二〇二四年二月には、新たな特定重要物資として先端電子部品（コンデンサー及びろ波器）が加えられた。

選定の基準は示されず、時々に新たな指定が行なわれる。こうした多数の物資に関わる事業者はおびただしい数にのぼる。規制を受け入れるためにかかる費用は政府が支援するというが、支援の確証はない。従来、貿易の自由主義と国際協調主義のもと、商習慣や各企業等の経営方針にもとづいて行なわれてきた物資の入手について、その経路など営業の秘密にあたる事項を報告させデータを集積するとすれば、規制はもはや国家統制的段階と言える。こうなると規制する官側と規制される企業側に、癒着や忖度、官の天下りなどが生まれてくる危険性が胚胎する。

また、基幹インフラ事業として列挙された一四業種――①電気 ②ガス ③石油 ④水道 ⑤鉄道 ⑥貨物自動車運送 ⑦外航貨物 ⑧航空 ⑨空港 ⑩電気通信 ⑪放送 ⑫郵便 ⑬金融 ⑭クレジットカード――に、名古屋港のサイバー攻撃による活動停止事件（二〇二三年九月、ランサムウエアによるシステム障害）を受けて、港湾船舶も加えるとされた（二〇二四年二月）。

■基幹インフラ

基幹インフラについては大企業を中心に対策を行なうとされているが、多くが種々の子会社、下請け企業をもっており、サイバー攻撃はところかまわず入ってくる。この際、企業が使っている設備、備品、プログラムなどのＩＴ関連の更新、設備投資にあたっては中国製品が使われていないかが問われ、設備更新等にあたっては企画書の提出が求められる。政府の持つ機密性の高い情報、とりわけ攻撃を受ける前に無力化を図ろうとする能動的サイバー情報が重要経済安保情報の一つとして目論まれることとなろう。担当部署の従事者にはセキュリティ・クリアランス（以下、ＳＣ）が求められることになる。サイバー攻撃によるシステム障害対応ということで、詳細な電子情報システムの政府への報告などを通じて営業秘密情報が政府に吸い上げられるが、その情報の目的外使用の禁止は不可欠である。

戦略的自律性は守りの対応とされているが、いわゆる「同志国・同盟国」以外の国々からの輸入、とりわけ米国からの求めに応じて行なう中国からの輸入防遏《ぼうあつ》（防ぎ、とどめること）は中国に対抗措置をとらせ、緊張関係を深めることとなり、結局は「守り」を掲げつつ、実際には甘利明氏の「力には力」という攻撃的効果をもたらす。

## 戦略的不可欠性——リストアップされた先端技術開発

### ■先端技術＝軍事技術

戦略的に欠いてはならない「攻め」とは、先端技術開発で国際的優位性を獲得することだとされる。それには具体的に二〇の分野が提示されている。

「バイオ技術、医療・公衆衛生技術（ゲノム学含む）、人工知能・機械学習技術、先端コンピューティング技術、マイクロプロセッサ・半導体技術、データ科学・分析・蓄積・運用技術、先端エンジニアリング・製造技術、ロボット工学、量子情報科学、先端監視・測位・センサー技術、脳コンピュータ・インターフェース技術、先端エネルギー・蓄エネルギー技術、高度情報通信・ネットワーク技術、サイバーセキュリティ技術、宇宙関連技術、海洋関連技術、輸送技術、極超音速、化学・生物・放射性物質及び核（CBRN）、先端材料科学」の分野がそれで、「場としての領域（社会や人の活動などが関わる領域）」として、海洋領域、宇宙・航空領域、領域横断・サイバー空間領域、バイオ領域が割り当てられている。なぜわざわざ領域別にするのかは不明だが、自衛隊の防衛領域によく照応している。

このリストは経済安保法成立前に、前倒しで民間のシンクタンクに実施させた二〇二一・二二年度の内閣府委託事業「安全・安心に関するシンクタンク機能の構築」（「経済安全保障重要技術育成プログラムにかかる研究開発ビジョン検討WGの検討結果について（報告）」第一回経済安全保障重要技術育成プログラムに係るプログラム会議資料）によるものである。この調査が参考にした資料「米国重要・新興技術（CET）国家戦略2020」（'National Strategy of Critical and Emerging Technologies, October 2020'）の末尾には同様の二〇項目のリストが掲載されており、米国の新興技術そのものをまねたものなのである。

米国では前述のような新興技術である人口知能（AI）、機械学習、量子科学、サイバー技術、極超音速技術、指向性エネルギー等について、国家安全保障上の重要度の高い新基本技術として、研究・開発・保護・資金援助の強化が規定されている。日本では「デュアルユース」技術だとして、ことさら民生用であるとの印象操作を行なっているが、米国では軍事研究そのものなのである（『米国国防権限法』「三．新基本技術についての研究・開発・保護・資金援助の強化」）。

二〇二二年一月七日の日米安全保障協議委員会（「2＋2」）の共同発表では、「人工知能、機械学習、指向性エネルギー及び量子計算を含む重要な新興分野において、イノベーションを加速し、同盟が技術的優位性を確保するための共同の投資を追求することにコミットした。閣僚は、極超音速技術に対抗するための将来の協力に焦点を当てた共同分析を実施することで一致した。閣僚はまた、共同研究、共同開発、共同生産、及び共同維持並びに試験及び評価に関する協力に係る枠組みに関する交換公文を歓迎した。これに基づき日米は、新興技術に関する協力を前進及び加速化させていく。閣僚は、調達の合理化及び防衛分野におけるサプライチェーンの強化に関する協力」を進めること（外務省仮訳）が強調された。

いわば、いっそう強固な日米軍事同盟をシームレスに展開するために、先端技術分野の軍事共同研究、開発、兵器生産とその維持・試験等の協力を確立しようというものである。

## ■特許非公開＝戦前の秘密特許

戦略的に欠いてはならない「攻め」には特許非公開も組み込まれた。戦前の秘密特許制度を再構築しようとするものである。

かつて第二回国会（一九四七〜四八年）では、秘密特許制度の廃止を含む特許制度法の改正が次のように決定された。

> 本改正案の要点は、まず第一に、日本国憲法の戦争放棄の規定との関係上、いわゆる秘密特許制度を廃止したことであります。すなわち、軍事上秘密を要する発明または軍事上必要な発明に関する特別の扱いの規定をすべて削除したことであります……敗戦日本の再建復興は科学技術の発展にまつところが大でありますから、これに対する強力な対策を樹立し、発明発見の奨励、特許発明の工業化、科学技術の復興を推進するために、本委員会に発明に関する小委員会を設置して、これが具体策を樹立することを満場一致をもつて決定した次第であります……続いて、討論を省略して採決いたしましたところ、本法律案は全会一致をもつて原案の通り可決いたしました。
>
> 第二回国会衆議院本会議議事録第六八号、一九四八年六月二二日

ここでは、憲法九条の戦争放棄と関係づけられる形で、発明発見の奨励、特許発明の工業化、科学技術の復興が明快に述べられていた。これに対して、憲法九条を改変しようとする現在の自公政権は、軍事上の秘密や先端技術の中国への流出を防ぐためと称し、特許の非公開の法整備を行なっている。

法案審議中、小林鷹之担当大臣は「日本にはそういう制度（筆者注：アメリカの特許非公開制度）はこれまでなかったので、結局、今回これをやることによって、この協定をベースとすると、これまで片務的なものだったのが双務的なものになりますので、そういう関係にあるということは御理解いただければと思います」（「衆院内閣委・経産委連合審査」二〇二二年三月二九日）と述べ、日米防衛特許協定の片務的であった関係を双務的にすることによって、日米および関係国との兵器共同開発、製造、運用、修理等にあたって秘密情報を共有できるようにしたと述べて、秘密特許の導入の狙いを明らかにした。

さて、研究の成果を特許として申請する際、事前審査で非公開と判断されれば、特許取得はできない。秘密なのでどこの部分が秘密なのかを知らされないジレンマも存在する。しかし、非公開となった特許について、政府は特許実施ができなくなった不利益分を補償するとしているが、不利益分は申請者が客観的な根拠をもって示し、査定は政府が行なうのである。申請者の利益を守る監査制度もないまま、申請者の利益を守るという。補償をするから問題はないと、ここでも印象操作的な論法を立てている。

特許非公開にかかわる研究成果の発表抑制は、研究の自由を侵害し、研究交流を制約し、学術の発展を阻害する可能性が大きい。軍事機密とは違う意味で、研究のプライオリティを守るための研究発表の非公開をすべて否定するわけではないが、非公開はグローバル化、オープンサイエンス化に矛盾し、国際的な研究交流を阻害し、大学・研究諸機関・企業の諸活動を大きく制約することが多く、秘密を忖度するあまり研究者の活動を委縮させる。研究者とのコミュニケーションなしでの政府の一方的非公開指定は回避されなければならない。

なお特許非公開についての基本指針のタイトルを示しておく。

「特許法の出願公開の特例に関する措置、同法第三十六条第一項の規定による特許出願に係る明細書、特許請求の範囲又は図面に記載された発明に係る情報の適正管理その他公にすることにより外部から行われる行為によって国家及び国民の安全を損なう事態を生ずるおそれが大きい発明に係る情報の流出を防止するための措置に関する基本指針」（閣議決定、二〇二三年四月二八日）

この長文のタイトルにもかかわらず、秘密の内容は「外部から行われる行為によって国家及び国民の安全を損なう事態」を生ずるおそれのある発明としか定義されていない。

## 特定重要技術育成プログラム（Kプログラム）の正体

### ■国家安全保障と科学・技術

日本において科学・技術、研究開発や基盤技術が国家安全保障に関わって位置づけられるのは第四期科学技術基本計画（二〇一一～一五年）で、「国家安全保障・基幹技術を中心とする基盤技術に関する研究開発について」に記載された時である。第五期科学技術基本計画（二〇一六～二〇二一年）では「国及び国民の安全・安心を確保するためには、我が国の様々な高い技術力の活用が重要である。……海洋、宇宙空間、サイバー空間に関するリスクへの対応、国際テロ・災害対策等技術が貢献し得る分野を含む」技術の研究開発を行ない、安全保障の視点から「関係府省連携の下、科学技術について、動向の把握に努めていくことが重要」と記された。

「イノベーション」の語が付加された第六期科学技術・イノベーション基本計画（二〇二一～二〇二五年）では「技術流出問題が既に顕在化しており、軍事転用等による安全保障上のリスクが想定される。……技術的優越確保の観点からの技術の研究開発動向や重要技術を把握し、育成・活用するとともに、技術流出を抑制することの重要性が増している」と研究開発動向にまで踏み込み、重要技術の把握に努めるとしている。「我が国の技術的優越を確保・維持する観点や、研究開発成果の大量破壊兵器等への転用防止といった観点から、適切な技術流出対策等を着実に実施する。これらにより、我が国にとっての重要技術を守るとともに、我が国の研究セキュリティを確保し、総合的な安全保障を実現する」こととして、経済安保法に経済安全保障重要技術育成プログラム（略称「Kプログラム」）の新設を組み込んだのである（「特定重要技術の研究開発の促進及びその成果の適切な活用に関する基本指針」閣議決定、二〇二二年九月三〇日）。

そして、いまや先に述べたシンクタンクの機能強化、技術情報管理、投資審査、外国資金受け入れ状況の開示や留学生等の受入審査の強化が開始されたのである。この安全保障の流れと後述のプログラムの例からみても明らかなように、ここでいう重要技術はいうまでもなく軍事技術、兵器開発技術そのものなのである。経済安保法第六一条のいう特定重要技術は「将来の国民生活及び経済活動の維持にとって重要なものとなり得る先端的な技術」としか述べられず、法案審議の折にはその正体が隠されてきたものである。

■Kプログラム

新設されたKプログラムについてみてみよう。すでに五〇〇〇億円もの巨費が基金として予算化され、研究費配分機関としての文部省管轄下の国立研究開発法人科学技術振興機構（以下、JST）に二五〇〇億円、経産省管轄下の国立研究開発法人新エネルギー・産業技術総合開発機構（以下、NEDO）に二五〇〇億円がそれぞれ配分され、研究開発ビジョン（第一次、第二次）が公表され、公募・採択が開始された（表2、表3参照）。

「経済安全保障重要技術育成プログラムに係る研究開発ビジョンについて」（「第一回経済安全保障重要技術育成プログラムに係るプログラム会議」二〇二二年六月二一日）では、「様々な場（領域）で活用され得る、我が国にとって重要な先端技術を如何に見定めるか」として、先に述べたリストアップされた重要技術が列挙された。第一次研究開発ビジョンでは「諸外国にて研究開発等の取組が急速に加速するAI技術、量子技術に加え、領域を問わず無人化や自律化に対するニーズが顕在化してきていること等に鑑み、ロボット工学、先端センサー技術、先端エネルギー技術を着目する重要な技術としてとりあげる」（経済安全保障推進会議、統合イノベーション戦略推進会議、二〇二二年九月一六日）とされた。また第二次研究開発ビジョン（二〇二三年八月八日）にはサイバー空間領域、エネルギー・材料・製造技術等の領域横断、バイオ領域における取り組みが付け加えられた。いずれも課題解決型のプログラムである。

■科学技術振興機構（JST）の公募

JSTの公募を見てみよう。研究開発構想（プロジェクト型）として重要技術の獲得を目指す比較的大規模な研究開発プロジェクトの一つを例にとると、「無人機技術を用いた効率的かつ機動的な自律型無人探査機（AUV）による海洋観測・調査システムの構築」が公募された。

この構想の目的には、「我が国の領海や排他的経済水域（EEZ）を取り巻く情勢は厳しさを増しており、領海侵入、違法操業・調査等、我が国の海洋権益はこれまでになく深刻な状況にさらされているといった、海洋をめぐる安全保障上の情勢変化が指摘されている。かかる状況を踏まえ、同計画では、我が国の『総合的な海洋の安全保障』に向け、『我が国の領海等における平和と安定を維持し、国民の生命・身体・財産の安全の確保及び漁業、海洋開発等の海洋権益の確保、ひいては国民の安心の確保といった国益を長期的かつ安定的に確保するために、海洋に関する情報収集・分析・共有体制を構築するとともに、主として我が国自身の努力によって必要な抑止力・対処力を強化する。』ことを基本的な方針としている」

というくだりがある。大軍拡を規定した安保三文書（二〇二二年一二月）の一節そのものであることに驚かされる。これが公募型研究費の配分機関の公募書類の一節なのである。防衛装備庁の安全保障技術推進制度の公募ではどの研究課題も「基礎研究」だとしていることと対照的である。日本学術会議は「戦争を目的とする科学の研究には、今後絶対に従わない」とし、「デュアルユース」では軍用か民用かの区別がつきにくいので、研究の入り口で判断することとし、防衛省予算

## 表２　科学技術振興機構（JST）によるＫプログラム公募一覧

| | 研究開発構想（プロジェクト型）名<br>　採択された研究開発課題名 | 採択者所属機関 | 予算 |
|---|---|---|---|
| 第一次 | 無人機技術を用いた効率的かつ機動的な自律型無人探査機（AUV）による海洋観測・調査システムの構築 | | 最大 80 億円 |
| | 　海空無人機による海洋観測・監視・調査システムの構築（仮称） | 海洋研究開発機構 | |
| | 災害・緊急時等に活用可能な小型無人機を含めた運航安全管理技術 | | 最大 60 億円 |
| | 　災害・緊急時等に活用可能な運航安全管理システムの開発（仮称） | 宇宙航空研究開発機構 | |
| | 　次世代固定翼型 VTOL 機の開発 | エアロセンス（株） | |
| | 　災害・緊急時等に活用可能な小型 VTOL 無人機技術の研究開発（仮称） | 宇宙航空研究開発機構 | |
| | 先端センシング技術を用いた海面から海底に至る海洋の鉛直断面の常時継続的な観測・調査・モニタリングシステムの開発 | | 最大 80 億円 |
| | 　海面から海底に至る空間の常時監視技術と海中音源自動識別技術の開発（仮称） | 海洋研究開発機構 | |
| | 超音速・極超音速輸送機システムの高度化に係る要素技術開発 | | 最大 120 億円 |
| | 　ロバスト低ソニックブーム機体設計技術の飛行実証，及び幅広い作動域を有するエンジン設計技術の地上実証（仮称） | 宇宙航空研究開発機構 | |
| 第二次 | 衛星の寿命延長に資する燃料補給技術 | | 最大 135 億円 |
| | 　未定 | | |
| | 次世代半導体微細加工プロセス技術 | | 最大 135 億円 |
| | 　未定 | | |
| | デジタル技術を用いた高性能次世代船舶開発技術及び船舶の安定運航等に資する高解像度・高精度な環境変動予測技術 | | 最大 120 億円 |
| | 　未定 | | |
| | 耐熱超合金の高性能化・省レアメタル化に向けた技術開発及び革新的な製造技術開発 | | 最大 75 億円 |
| | 　未定 | | |
| 研究開発構想（個別研究型） | | | |
| 第一次 | 人工知能（AI）が浸透するデータ駆動型の経済社会に必要な AI セキュリティ技術の確立 | | 最大 25 億円 |
| | | | |
| | 量子技術等の最先端技術を用いた海中（非 GPS 環境）における高精度航法技術・量子技術等の最先端技術を用いた海中における革新的センシング技術 | | 最大 95 億円 |
| | 　非 GNSS 高精度航法装置の研究開発（仮称） | 東京工業大学 | |
| | 空域利用の安全性を高める複数の小型無人機等の自律制御・分散制御技術及び検知技術 | | 最大 90 億円 |
| | 　協調・デジタルツイン技術の革新による小型無人機群システムの構築（仮称） | 大阪大学 | |
| | 　災害・緊急時等に活用可能な革新的自律制御ドローン及び自律分散協調飛行制御技術の研究開発 | 産業技術総合研究所 | |
| | 小型無人機等の検知技術 | | |
| | 　96GHz ミリ波帯電波によるマルチスタティックイメージング技術（仮称） | 名古屋工業大学 | 不明 |
| | 生体分子シークエンサー等の先端研究分析機器・技術 | | 最大 60 億円 |
| | 　タンパク質の非破壊シークエンシングのための N/C 末端ラベル化法の開発（仮称） | 東京大学 | |
| | 　トランスロコン型ナノポア計測法による 1 分子ペプチドシークエンサーの開発（仮称） | 東京大学 | |
| | 　ナノギャップ生体分子シークエンサーの研究開発（仮称） | 大阪大学 | |
| | 　集積化 DNA オリガミナノポアによるトランスクリプトームシーケンシングの開発（仮称） | 京都大学 | |
| | 　無電解金めっきナノポア温度可変シークエンサーによる長鎖 DNA・RNA・ペプチドの解読（仮称） | 東京工業大学 | |
| | 　ロングリード空間多重エピゲノム解析技術の開発と実用化（仮称） | 九州大学 | |
| | 宇宙線ミュオンを用いた革新的測位・構造物イメージング等応用技術 | | 最大 30 億円 |
| | 　未定 | | |
| | サプライチェーンセキュリティに関する不正機能検証技術の確立（ファームウェア・ソフトウェア） | | 最大 25 億円 |
| | 　未定 | | |
| 第二次 | 超高分解能常時観測を実現する光学アンテナ技術 | | 最大 110 億円 |
| | 　未定 | | |
| | 海中作業の飛躍的な無人化・効率化を可能とする海中無線通信技術 | | 最大 45 億円 |
| | 　未定 | | |
| | 高高度無人機を活用した災害観測・予測技術の開発・実証 | | 最大 65 億円 |
| | 　未定 | | |
| | セキュアなデータ流通を支える暗号関連技術（高機能暗号） | | 最大 50 億円 |
| | 　未定 | | |
| | ノウハウの効果的な伝承につながる人作業伝達等の研究デジタル基盤技術 | | 最大 50 億円 |
| | 　未定 | | |
| | 輸送機等の革新的な構造を実現する複合材料等の接着技術 | | 最大 40 億円 |
| | 　未定 | | |
| | 多様な物質の探知・識別を可能とする迅速・高精度なマルチガスセンシングシステム技術 | | 最大 80 億円 |
| | 　未定 | | |
| | 脳波等を活用した高精度ブレインテックに関する先端技術 | | 最大 45 億円 |
| | 　未定 | | |

の研究は行なわないとしてきた。Kプログラムは明確に軍事研究への道筋が敷かれているが、実施機関が防衛省ではなく、研究費配分機関からの予算であるため、「入り口」での可否の判断だけでは問題がないことになってしまう。そのため、JSTは大手を振って公募することができることになった。

JSTのウェブサイトに掲載されている（二〇二四年二月五日閲覧）、採択された一六件の研究課題に関わる研究機関名を列挙すると、海洋研究開発機構（採択二件）、宇宙航空研究開発機構（三件）、産業技術総合研究所、エアロセンス㈱、東京工業大学（二件）、東京大学（二件）、名古屋工業大学、大阪大学（二件）、京都大学、九州大学となっている。

## ■新エネルギー・産業技術総合開発機構（NEDO）の公募

一方、NEDOの例では、プロジェクト型の一つである「船舶向け通信衛星コンステレーションによる海洋状況把握技術の開発・実証」の狙いとして、「我が国の安全保障活動において、海洋における脅威・リスク等の早期察知に資する情報収集体制に関連して、『すべての船舶の動静が把握されている状況ではない』現状を抜本的に改善する宇宙インフラを活用した自律的なMDA能力（筆者注：海洋状況把握能力）をもつことは重要である。また、我が国の社会経済活動を担う安心・安全な海上交通輸送システムの運用を支える海上保安業務に関しても、宇宙インフラを活用した双方向通信が、海上安全情報の提供や航行援助・海上交通管制の能力を高めることに大きく役立つ」とある。

また、「高感度小型多波長赤外線センサ技術の開発」では、「多波長赤外線センサを構成する重

## 表３　新エネルギー産業技術総合開発機構（NEDO）による Kプログラム公募一覧（第一次）

| | 研究開発構想 | 採択された研究開発課題名 | 採択者所属機関 | 予算 |
|---|---|---|---|---|
| プロジェクト型 | 船舶向け通信衛星コンステレーションによる海洋状況把握技術の開発・実証 | | | 8年間147億円 |
| | | 海洋DX推進・海洋状況把握に向けた超小型衛星コンステレーションシステムの開発 | IHI，アークエッジ・スペース，LocationMind | |
| | 光通信等の衛星コンステレーション基盤技術の開発・実証 | | | 8年間600億円 |
| | | 光通信等の衛星コンステレーション基盤技術の開発・実証に関する研究開発 | Space Compass，情報通信研究機構，アクセルスペース，日本電気 | |
| | 高感度小型多波長赤外線センサ技術の開発 | | | 6年間50億円 |
| | | 高感度小型多波長赤外線センサ開発およびフィールド実証 | ジェネシア，アイネット，宇宙システム開発利用推進機構，住友電気工業，浜松ホトニクス，WorldLink & Company | |
| | 小型無人機の自律制御・分散制御技術 | | | |
| | | 予告中 | | |
| | 航空安全等に資する小型無人機の飛行経路の風況観測技術 | | | 3年間11億円 |
| | | 風況観測用ドップラー・ライダーの超多チャンネル化及び超高分解能化開発と飛翔体搭載型システムの実用化 | メトロウェザー | |
| | 航空機の設計・製造・認証等のデジタル技術を用いた開発製造プロセス高度化技術の開発・実証 | | | |
| | | 航空機の設計，認証，生産プロセスの革新とプロセス統合 | 宇宙航空研究開発機構，IHI 川崎重工業，SUBARU、日本航空機開発協会、三菱重工業 | 5年間150億円 |
| | 航空機エンジン向け先進材料技術の開発・実証 | | | |
| | | 1400°C級CMC量産実証研究 | IHI，宇宙航空研究開発機構，UBE | 5年間50億円 |
| | ハイパワーを要するモビリティ等に搭載可能な次世代蓄電池技術の開発・実証 | | | |
| | | ニオブチタン酸化物負極を用いたハイパワー長寿命二次電池の研究開発 | 東芝 | 5年間18億円 |
| | ハイブリッドクラウド利用基盤技術の開発 | | | |
| | | 強固な鍵管理によるデータセキュリティ技術（鍵管理ソフトウェア技術） | エヌ・ティ・ティ・データ | 3年間13億円 |
| | | 半導体・電子機器等のハードウェアにおける不正機能排除のための検証基盤の確立 | 産業技術総合研究所，ＳＣＵ・リンテック，東京大学，神戸大学 | 5年間34億円 |
| | | 強固な鍵管理によるデータセキュリティ技術（HSMの技術開発） | 東芝インフラシステムズ | 4年間22億円 |
| | | データの保護と流通の自動化技術 | インターネットイニシアティブ | 3年間11億円 |
| | | 経路特性保証型のクラウドネットワーク技術 | 産業技術総合研究所，インターネットイニシアティブ | 3年間5億円 |

要要素技術である赤外線検出器は、その熱源探知能力から弾道ミサイルや高速飛翔体の発射検知及び追尾、また暗視センサとして安全保障用途で使用することができます」とある。

NEDOが現在（二〇二四年二月）実施しているプログラムは一二件あるが、実施事業者となっている事業者名（二九カ所）を以下に列挙しておく（丸かっこ内の数字は件数）。

東京大学、神戸大学、宇宙航空研究開発機構（二）、宇宙システム開発利用推進機構、産業技術総合研究所（二）、情報通信研究機構、日本航空機開発協会、IHI（三）、SCU、Space Compass、SUBARU、WorldLink & Company、アークエッジ・スペース、アイネット、アクセルスペース、インターネットイニシアティブ（二）、ジェネシア、エヌ・ティ・ティ・データ、Location Mind、UBE、メトロウェザー、リンテック、三菱重工業、住友電気工業、川崎重工業、東芝、東芝インフラシステムズ、日本電気、浜松ホトニクス

公的研究機関や古くからの防衛産業の多くが参入しているが、先端技術分野で活躍を狙うベンチャー企業の参入も目立つ。

日本の研究者八九万人に対して開かれている、ボトムアップの創造的研究成果のゆりかごともいうべき基礎的研究を支援する科学研究費は、年間三八〇〇億円でしかない。これに一〇万人弱が応募し、三万人強しか採択されない。ところがKプログラムには一件あたり数億円〜一四〇億円という破格の資金が与えられる。表1・表2に、Kプログラムに採択された研究テーマと研究機関名、配分予算等を掲げておく。

日本の研究力低下が言われて久しいが、基礎研究を軽視し、課題解決型の技術開発に偏った分

野の重要技術課題を一部の有識者、官僚、シンクタンクが選定し、研究者を集める仕組みでは、創造的研究が生まれてくる道が閉ざされ、やがては重要技術課題の取り組みの地盤さえ疲弊してしまうだろう。

## 官民伴走の研究協議会とシンクタンク

### ■研究協議会

Kプログラムの推進にあたって、経済安保法は、研究代表者の承諾があれば研究協議会を設置することができるとしている。Kプログラムの研究公募に採用された研究者は無論のことだが、シンクタンク（経済安保法第六四条に、内外の社会経済情勢、研究開発の動向、専門的な調査・研究を行ない、かつ情報の安全管理ができる組織として規定がある）の目利きが見出した先端技術の研究者をも対象としうるとみられる。承諾した研究者には、守秘義務付きで違反には罰則のある機微情報が政府から提供される。研究協議会は総理大臣の許可を得て、担当大臣、国家安全保障局、内閣府、防衛省、文科省、経産省、国会議員、シンクタンク職員、企業関係者、研究代表者、研究従事者によって構成され、研究の管理・運営が行なわれ、官民伴走が実現する。希望すれば指定基金協議会が同様の構成で組織され、基金から先に述べた潤沢な支援も受けられる。

基金の利用や政府・企業が支援してくれる研究開発体制は、研究資金の乏しい今日、研究者にとって魅力あるものといえる。協議会の運営規約のモデルがあるが、それには「構成員の全会一致」（「技術基本指針」規約）で会議を進めることが盛り込まれている。研究者以外はおそらく開発目的の利益共同体であり、研究者が孤立的存在になることもありうる。研究の着地点は「デュアルユース技術の社会実装」であるから、軍用ともなる。それが見えてきた時点で研究者が異を唱えることはできまい。この協議会から途中で離脱することができ、政府から不利益をうけることはなく、秘密情報にはアクセスできないがその研究に留まることはできる（「技術基本指針」）、とされている。しかし、どうであろうか。民事用として始めた研究が、途中で軍事利用が明瞭になり研究者が離脱を申し出た場合、さらにそれが研究代表者であった場合、研究協議会の存続はどうなるのか不明である。代表者を変更してしまうことも可能な「研究開発等を代表する者として相当と認められる者」（同基本指針）とする記載もある。そもそも研究自体の中止を申し出た場合はどうなるのかはまったく不明である。

ユネスコの「科学及び科学研究者に関する勧告」（二〇一七年一一月）に、「軍民両用」にあたる場合には、「科学研究者は、良心に従って当該事業から身を引く権利を有し、並びにこれらの懸念について自由に意見を表明し、及び報告する権利及び責任を有する」とある。筆者は衆議院内閣委員会の参考人として（「同委員会議事録」二〇二二年三月三〇日）、また、パブリックコメントでも、これにどう対処するのかを問うた。これに対して、「本法の協議会に参加する研究者は協議会への参加を強制されるものではなく、参加後に離脱することも可能です」（「パブコメ意見募集の結果」二一六番、二一八番の政府側意見）との見解がパブコメで示された。ユネスコの勧告を守らない研究者がいても政府にはかかわりがないというのであろう。「軍事研究に従事しない」とする研究者倫理や大学の理念等を制定している大学等も少なくないが、離脱しなければユネスコ勧告や大学の倫理等の違反になることも起こり得る。板挟みになる研究者も出てくる。当然ながら研究者個人の倫理問題にすり替えることはできない。

研究協議会に参加する場合に、軍事研究の可能性があることを明示しておく必要があるため、先述したプログラムの目的に軍事利用が明記されたのかもしれない。秘密情報に係る研究成果の発表には規制がかかり、発表や表現の自由が規制されるだけでなく、公安調査庁、警視庁、内閣情報調査室等々の監視装置が作動することも忘れてはならない。

プログラムの運営にあたっては、「研究代表者及び主たる研究分担者が安全管理措置を十分に講じられる者である必要がある。また、安全保障貿易管理や営業秘密保護に関する法令上必要な取組、研究インテグリティとして求められる取組及び安全管理措置についても、これらの者が所属する機関において適切に取り組むことが求められる」(「技術基本指針」)とあるが、研究者や研究施設までもがSCの対象とされることが予想される。

## 政策提言までするシンクタンク?

ところで、シンクタンクについて何度もふれてきたが、経済安保法にシンクタンクという用語はない。調査研究について定めた経済安保法第六四条で、「特定重要技術の研究開発の促進及びその成果の適切な活用を図るために必要な調査及び研究を行う」とあるのがシンクタンクである。シンクタンクは法人に限り、「調査研究の全部又は一部を、その調査研究を適切に実施することができるものとして……基準に適合する者」で、①先端的技術に関する内外の社会経済情勢及び研究開発の動向の専門的な調査及び研究を行う能力を有すること、②先端的技術に関する内外の情報を収集し、整理し、及び保管する能力を有すること、③内外の科学技術に関する調査及び研究を行う機関、科学技術に関する研究開発を行う機関その他の内外の関係機関と連携する能力を有すること、④情報の安全管理のための措置を適確に実施するに足りる能力を有すること、という条件が付けられているが、このシンクタンクはすでに試行されている（二〇二二年四月一日、衆院内閣委員会議事録）。

シンクタンクの構想は統合イノベーション戦略推進会議に設置されたイノベーション政策強化推進のための有識者会議「安全・安心」（シンクタンク機能検討ワーキンググループ）で早くも検討されていたもので、「国及び国民の安全・安心の確保に向けた科学技術の活用に必要なシンクタンク機能に関する検討結果報告書」（二〇二一年四月）が出されている。

それを受けて、「『安全・安心』の実現に向けた科学技術・イノベーションの方向性」（同推進のための有識者会議決定、二〇二〇年一月二一日）が出され、「我が国及び国民の安全・安心に対する脅威に科学技術・イノベーションを活用して対応するためには、『知る』、『育てる』、『生かす』、『守る』の視点が重要である」「まずは、『いかなる脅威があるのか』、『脅威に対応できる技術』及び『脅威となり得る技術』を予測し、特定する（知る）必要がある。次に、『必要な技術をどうやって育てるか』、『育てた技術をどうやって社会実装するか』（育てる・生かす）を検討する必要がある」「科学技術の育成に長期的視点を持って取り組むための戦略の企画・立案を支援する能力（シンクタンク機能）の必要性が指摘され」などとして、シンクタンクの役割や機能について、先端的な軍事技術の調査、掘り起こしばかりでなく、科学技術の育成に長期的視点を持って取り組むための企画・立案までも支援し、政府に提言もするとされた。

政治家や官僚、政府お気に入りの有識者たちによる会議に対置されるのが、言うまでもなく、日本学術会議である。日本学術会議法第三条には、「科学に関する重要事項を審議し、その実現を図ること」、「科学に関する研究の連絡をはかり、その能率を向上させること」とされているが、この日本学術会議をさしおいて、科学技術の育成のための企画・立案をシンクタンクにさせようというのである。日本学術会議にしかけている独立法人化の動きと軌を一にしているのがシンクタンク設置なのである。

統合イノベーション戦略推進会議に設置されたイノベーション政策強化推進のための有識者会議は、日本の高等教育の現状、若手研究者育成の現状を顧みず、「アメリカの事例のように参加する行政官や企業等の関係者による学位取得等を可能とする人材育成機能の保持も、シンクタンク機能を魅力ある仕組みとするための仕掛け」とまで述べている。ここでのアメリカの事例とはRAND研究所で、米空軍の支援を受けて一九四六年に設立された研究所である。安全保障上の政策及び意思決定に貢献する政策研究と分析を実施している。

## 憲法違反の秘密特許制度の復活

先述したように、軍事技術にかかわる戦前の秘密特許制度は、戦後、憲法九条と整合しないとして廃止されたが、特許の非公開は秘密特許の復活である。かつては軍人が審査にあたったが、今回はおそらく防衛関係者が特許審査に加わるものと思われる。事前審査を特許審査官が実施するとなれば膨大な作業が降りかかることになろう。

特許法はそもそも発明の保護と利用を図ることで発明を奨励し、科学・技術や産業の発達に寄与することを目的としたものである。特許申請は出願後一年六カ月で公開されるもので、産業界では公開を避けたければ特許出願をせず、厳格な秘匿とノウハウで対応している。また、大学や研究機関などで産学連携の研究を実施する場合には秘密保持契約、成果有体物移転契約を結ぶとともに誓約書や宣誓書を交わすなどする場合が多く、大学や研究機関ではガイドラインが作られ、自主的・自律的に研究の秘匿をガードしている。

それをこの法では、「安全を損なう事態を生ずる恐れが大きい発明」として秘密内容を明示せず、どこが秘密なのかそれ自身を秘密にせざるを得ない矛盾に満ちた法律で縛ろうとするのである。有識者会議では対象にすべき発明のイメージが議論され、「防衛に実質的に影響を及ぼす技術かどうかなどの要素」も検討すべきとされた。仮に保全指定を受けた場合、出願者には秘密の基本部分は知らされない。しかし、罰則付きの守秘義務が課せられているので、先にもふれたが、論文発表、研究会報告、研究交流等では自主規制を余儀なくされる。競争の激しい先端研究分野ではガイドラインを設けてしばしば厳しいセキュリティが課されるが、それは自主的・自律的なものである。罰則付きの守秘義務、それもどの範囲までかを知らされなければ、自由な討論の場では自粛、抑制することとなるし、監視の目が当然ついてまわる。近似する研究テーマで競り合っている他の研究者には特許の内容を開示できないので、その先の研究の展開は当然話題にもできず、研究業績とすることもできない。

アカデミアには厳しい監視の目が張られることになる。すでに防衛装備庁には先端分野の研究の情報収集や防衛装備（軍事）研究に誘導する新ポスト「技術戦略部革新技術戦略官」「技術連携推進官」が配置され、公安調査庁では「外国為替及び外国貿易法」違反の取り締まりの強化、警視庁公安部では「経済安全保障戦略会議」が設置され、経済安全保障の取り締まりの強化が進んでおり、秘密保護法とあいまって研究環境を監視するシステムづくりが進んでいる。

## 大軍拡政策と経済安保

国家安全保障三文書「国家安全保障戦略」「国家防衛戦略」（旧防衛大綱）「防衛力整備計画」（旧中期防）が大改訂され、五年間（二〇二三～二八年）で四三兆円という、かつてない大軍拡予算が組まれ、自衛隊が米軍と一体となり、米軍の先兵となるかつてない強固な日米軍事同盟ができあがった。

その大軍拡の経済的基盤をつくるのが経済安保であるといえよう。新たに先端技術分野の企業（スタートアップ企業、ベンチャー企業等）を呼び込み、古典的な軍事産業に加えて技術優位な軍事産業基盤の創出を目指そうとするものである。

その要となるのが「研究開発」である。大軍拡三文書の露払いとして出されたと思われる「国力としての防衛力を総合的に考える有識者会議」の報告書に「研究開発」という一節がある。同種の有識者会議の多くに顔を出している上山隆大氏（総合科学技術・イノベーション会議常勤委員）をはじめ、日本総研理事長の翁百合氏、日本国際問題研究所理事長佐々江賢一郎氏、京都大学教授中西寛氏、科学技術振興機構理事長の橋本和仁氏、読売新聞本社代表取締役山口寿一氏など一〇人が内閣総理大臣の出席のもとで四回にわたって議論した報告書である。長文だが、政府やその取り巻きが科学・技術や大学、研究機関等をどのようにとらえ、大軍拡政策にどのように取り込もうとしているかがよくわかるので引用しておく。ここで「安全保障用」とはいうまでもなく軍事用である。

**研究開発**　最先端の科学技術の進展の速さは、これまでの常識を遥かに超えており、基礎研究の成果がすぐに実用技術で展開されるようなケースが増えている。また、先端的で原理的な技術は、ほとんど民生でも安全保障でも、いずれにも活用できるマルチユースである。言い換えれば、民生用基礎技術、安全保障用の基礎技術といった区別は、実際には不可能になってきている。

また、宇宙、サイバー、ＡＩ、量子コンピューティング、半導体など最先端の科学技術は経済発展の基盤と同時に防衛力の基盤にもなっている。だからこそ、先端技術への国家投資は、総合的な防衛体制の強化だけではなく、経済力の強化という観点からも重要である。安全保障上の技術にとどまることなく研究開発を推進し、それをさらに社会で活用し、市場化するというイノベーションや産業構造の転換が、経済力を強化し、経済力が研究開発につながっていくという好循環を目指すべきである。

このため総合的な防衛体制の強化に当たっては、安全保障分野の研究者だけではなく、広くアカデミアや民間の最先端の研究者の協力が必須である。政府としては、府省間の縦割りを打破して、政府と大学、民間が一体となって、防衛力の強化につながる研究開発を進めるための仕組みづくりに早急に取り組むべきである。具体的には、防衛省以外の他府省計上の予算について、総合的な防衛体制の構築に資するよう、安全保障分野におけるニーズとシーズ（研究や技術の種）をマッチングさせる政府横断的な枠組みを構築すべきである。

なお、前述のように、宇宙、サイバー、ＡＩ、量子コンピューティング、半導体など最先端の科学技術にたいしては、研究開発の枠組みを作るだけではなく、最先端の研究者に参画してもらうことが必須である。国立研究開発法人をハブとして活用することや大学の内外に特別な場を作ることも一案である。研究開発のそれぞれの分野、枠組みの性格に応じて、慎重にコンセンサスを得ていく努力が重要である。

「国力としての防衛力を総合的に考える有識者会議」報告書、一四－一五頁、二〇二二年一一月二二日

ここには、高等教育機関としての大学や創造的研究を生み出すゆりかごであるべきアカデミアを政策の具としてとらえ、軍事に動員しようとする狙いがあからさまに語られている。しかも他府省計上の研究開発予算ですら防衛体制に資するようにせよという。この国の科学・技術のあり様を一変させるがごとき記述であり、日本学術会議を総合科学技術・イノベーション会議の下に法人化し、あわよくばシンクタンク化しようとする流れに呼応している。

## セキュリティ・クリアランスの法制化の狙い

本稿の執筆終了間際に、セキュリティ・クリアランス（SC）を単独法として国会上程する閣議決定がなされた（二〇二四年二月二七日）。「重要経済安保情報の保護及び活用に関する法律案」（以下、経済秘密保護法）がそれである。

このセキュリティ・クリアランスの法制化を議論した「経済安全保障分野におけるSC制度等に関する有識者会議」では、最後まで経済安保法の中に組み込むのか単独法なのかが明示されなかったが、経済安保法の中に組み込むのではなく、特定秘密保護法とシームレスに連携する単独法案となった。秘密情報の取り扱いについては、特定秘密法では従来通り「特定秘密」とし、経済秘密保護法案では「重要経済安全情報」とするという。

特定秘密保護法の対象分野は機密の最も厳しい防衛・外交・スパイ・テロの四分野であるが、重要経済安保情報の対象分野はサイバー情報、規制制度関連情報、調査・分析・研究開発関連、国際協力関連の四分野で、経済安全保障に関わる取扱注意（コンフィデンシャル）にあたる広範な情報までをSC対象として管理し、米国のSC制度と整合性を持たせるものとなる。

サイバー情報の秘密といえば、サイバー攻撃に関する情報はもとより、攻撃を仕掛ける能動的サイバー情報も含まれる。また調査・分析・研究機関では大学・研究機関の研究者、研究支援者、研究取扱事務員、上司、学生とその関係者がどう扱われるかは大きな問題である。むろん、民間の事業者、従業員等もSC対象者となる。秘密事項は安全を著しく脅かすものでない限り国会への報告義務がないものとしていて、政府の運用実態が国民の目から遠ざけられることになる。SCの有効期間は一〇年、特定秘密保護法・経済安保法では五年以内が有効とされ、SC評価は行政機関の長が行なうが、SC調査は一元的に政府が実施するとされており、新たな組織が立ち上げられることになろう。SC評価に対する苦情処理は誠実に処理し不利益を与えないとされるが、それを監視する機関の設置はない。調査情報の目的外使用は禁止となっているが、これもチェック機構はない。

SCの制度化はかねてから政府の課題とされてきた。経済安保法の罰則規定ともかかわるが、自律的不可欠性と称した攻めの特定重要技術と秘密特許にかかわってSCは不可欠で、日米共同研究・開発・維持等のために米国に整合的に倣うシステムとなる。かくして、重要物資、基幹インフラの国家統制の仕組み、研究者、大学、研究機関の軍事研究への囲い込みの仕組みができあがりつつあるといえよう。

## おわりに

経済安保法案が国会に上程された二〇二二年春、国家安全保障戦略に対する提言が与党、産業界、識者の中から相次いだ。

トップを切ったのは玉井克哉東京大学教授、西正典元防衛事務次官、西山淳一未来工学研究所研究参与（元三菱重工）、渡辺秀明元防衛装備庁長官らがつくる技術安全保障研究会で、「国家安全保障科学技術局の設立を！――経済安全保障戦略の拡充と加速を」（二〇二二年三月一六日）で

「今後の我が国国家戦略の基本的価値観を、『国家安全保障』に置く事が必要であり、その価値観に沿って経済政策全般・科学技術政策全般を再構築するところに、『経済安全保障政策』の今日的意義がある。……『国家安全保障』とは政治も軍事も経済も一体的に対処するものである。この際、民間企業は、国際情勢の変化に対して常に『政経分離』で済ませようとの願望は捨てるべきである」とし、日本版DARPA（本書七四頁参照）の設立をも提言した。

つづいて、日本経団連が「防衛計画の大綱に向けた提言」（二〇二二年四月一二日）を発出し、防衛産業基盤の整備・強靭化、軍需産業の確立を要望した。

自民党政務調査会宇宙・海洋開発特別委員会は「安全保障における宇宙利用について――防衛戦略三文書の改訂に向けて」（二〇二二年四月一四日）を公表した。そこでは宇宙安全保障の確立が提唱され、宇宙戦略に毎年二〇〇〇億円の予算を計上せよ、DARPAにならって政府資金による重要技術の研究開発をせよ、と要請した。

自民党政務調査会安全保障調査会は「新たな国家安全保障戦略等の策定に向けた提言――より深刻化する国際情勢下におけるわが国及び国際社会の平和と安全を確保するための防衛力の抜本的強化の実現に向けて」（二〇二二年四月二六日）で専守防衛の事実上の破棄を打ち出した。敵基地攻撃能力を「反撃能力」とし、攻撃の抑止と対処が「拡大抑止」に言い換えられ、防衛費のGDP比二％への軍拡と防衛三文書の米国にならった作成を迫った。

経済安保法の成立後、自民党国防議員連盟は「産官学自一体となった防衛生産力・技術力の抜本的強化についての提言」（二〇二二年六月一四日）で、「国家安全保障先端技術研究所」（仮称）

創設を提言し、研究開発の司令塔とし、五年以内に防衛費を一〇兆円以上にすることを要請した。加えて防衛大臣を総合科学技術・イノベーション会議の常任委員とすることを求め、「産官学自」が集う学園都市まで提起した。

これらはどれも二〇二二年末の大軍拡政策の指導書でもあり露払いでもあった。いうまでもなく、こうした憲法・立憲主義の破壊、内閣密室政治に対する抗議の声も少なくなかった。敵基地攻撃能力を反撃能力と言い換える欺瞞や、価値観を共有するという「同志国・同盟国」の軍事ブロック形成、従来の「仮想敵国」から敵国として中国を名指ししようとする政府の姿勢への反対の世論は根強い。しかし、外交努力の放棄、平和主義・国際協調主義の否定につながる大軍拡政策の大合唱に、市民の抗議の声が十分届かなかった。すでに述べたように、経済安保は一般的な経済施策であるかのような印象操作がなされ、勃発したウクライナ戦争は自律的軍隊の強化の必要性の口実とされた。軍拡を容認する議論が拡散され、市民の反対の声はこうした政府の横暴を押し返すには不十分であった。

経済安保は、戦争する国づくりの基盤となる軍事産業部門の新たな創出に欠かせない仕組みにほかならない。そして、その新たな創出を担う科学技術を軍事研究に囲い込むための仕組みでもある。

私たちは国家総動員の入り口に立っている。いつか来た道へ回帰しないために、危険な動きを止める行動をおこさなければならない。

第2章

# 秘密国家化と民間統制

## ——秘密保護法制の民間人への大幅な拡大

海渡雄一

政府は、二〇二四年二月二七日、第二一三回国会に「重要経済安保情報の保護及び活用に関する法律案」を閣議決定し、内閣提出法案（内閣官房所管）として提出した。本稿ではこの法案を、その内容に即して「経済秘密保護法」と呼ぶこととする。

二〇二四年一月三〇日に開かれた経済安全保障推進会議において、岸田首相は次のような訓示を行なった。

安全保障の概念が経済・技術分野にも拡大し、安全保障のための情報に関する能力の強化が一層重要となる中、経済安全保障分野においても、セキュリティ・クリアランス制度の整備を通じ、情報保全のさらなる強化を図る必要があります。有識者会議の最終取りまとめを踏まえ、政府保有の経済安全保障上の重要情報を保護・活用していくべく、コンフィデンシャル級の情報を保護の対象とする制度を新法により創設するとともに、既存の情報保全制度である特定秘密保護法とシームレスに運用していく必要があります。

このような政府のあいまいな言明に、どれだけの根拠があるのか。本稿では経済秘密保護法の概要とその人権保障上の問題点を明らかにし、次いで、経済安保情報の秘密化と適性評価の民間への大拡大のもたらす危険性について、大川原化工機事件の国賠判決にもふれながら論ずる。そして、特定秘密保護法の問題点と、その克服がなされていないことを論じる。そのうえで、重要情報が秘密とされることが戦争の拡大と長期化につながることを歴史に学び、日本がこのまま戦争に突き進むことを回避するための課題を考えることとしたい。

## 経済秘密保護法の概要

経済秘密保護法案は、その第一条で法の目的について次のように定めている。

国際情勢の複雑化、社会経済構造の変化等に伴い、経済活動に関して行われる国家及び国民の安全を害する行為を未然に防止する重要性が増大している中で、重要経済基盤に関する情報であって我が国の安全保障を確保するために特に秘匿することが必要であるものについて、これを適確に保護する体制を確立した上で収集し、整理し、及び活用することが重要であることに鑑み、当該情報の保護及び活用に関し、重要経済安保情報の指定、我が国の安全保障の確保に資する活動を行う事業者への重要経済安保情報の提供及び重要経済安保情報の取扱者の制限その他の必要な事項を定めることにより、その漏えいの防止を図り、もって我が国及び国民の安全の確保に資することを目的とする。

この目的をどのように読み解くのか。少なくとも、冒頭にあたって、経済安全保障の外延を画する定義規定が法案に欠けていることを最初に指摘しておきたい。「重要経済基盤に関する情報であって我が国の安全保障を確保するために特に秘匿することが必要であるもの」という文言は、指定対象の限定にまったくつながらないであろう。

経済秘密保護法の四つのポイントを以下に並べる。

①経済安保に関連した広範な情報（「重要経済安保情報」）を政府が収集し、これを秘密に指定することができるようにすること。

②この秘密を漏洩した者と漏洩させた者を、重要度の高い情報については、特定秘密保護法と同等の最高刑拘禁一〇年の刑に、相対的に重要度の高くない情報については、最高刑五年の刑に処すこと。

③重要経済安保情報を取り扱う業務は、適性評価により、重要経済安保情報を漏洩するおそれのないと認められた者に制限すること。

④行政機関の長は、行政機関の職員だけでなく、重要経済安保情報を取り扱う民間の企業の従業員ら、大学・研究機関の研究者らに対して、内閣総理大臣による調査の結果に基づき、漏洩の恐れがないことについての評価（適性評価＝セキュリティ・クリアランス）を、特定秘密保護法のもとで主として公務員に対して実施されていた適性評価と統一的な（シームレスな）システムを構築して実施すること。

## 経済秘密保護法案の提案にいたる小史

二〇一二年、第二次安倍政権が発足し、二〇一三年に特定秘密保護法が成立した。同じ年に、国家安全保障法という法律もできている。この法にもとづいて国家安全保障局が設けられた。特定秘密保護法と国家安全保障法の両方とも、警察出身で内閣情報官をつとめていた北村滋氏（現・

北村エコノミックセキュリティ合同会社代表）が中心となってつくったものであり、彼の果たした役割は大きい。

北村氏はその著書『外事警察秘録』（文藝春秋）の中で、特定秘密保護法の成立過程を振り返り、「私は、法案が成立せず、廃案となった場合には、内閣情報官の職を辞すると決めた」（一九九頁）と書いている。そして、法案の成立直後には読売新聞主筆の渡邉恒雄氏のもとを訪ねて情報保全諮問会議の座長就任を依頼したと明かしている。

二〇一四年は閣議決定で集団的自衛権が容認され、これが法律に格上げされて平和安全保障法制になったのが二〇一五年だった。二〇一七年には共謀罪法ができた。

共謀罪法は、もともと外務省主導で越境組織犯罪対策のために立案されたもので、二〇〇五〜〇六年にも審議入りしたが、野党が強く反対したうえ、当時の小泉純一郎首相や河野洋平衆議院議長が相談して、「平成の治安維持法になりかねない法律だからやめておこう」ということで法案の成立を断念したといわれている。

安倍政権はこの法案を官邸主導で通してしまった。これも北村滋氏が関与していたとされている。二〇二〇年には日本学術会議六人の委員の任命拒否事件が起き、二〇二一年にはデジタル監視法と重要土地規制法という悪い法律が二つも通ってしまった。

重要土地規制法は、基地や原発周辺に居住する住民を継続的に監視するシステムを作り上げた。そして二〇二二年には警察庁に実際に捜査を担当する初めての中央警察機関としてサイバー局が設置され、経済安保法が成立した。

二〇二二年末には中国を仮想敵国として大軍拡を進める防衛三文書が閣議決定され、土地規制法と経済安保法が対中戦争の準備のためのものであったことが明らかにされた。

二〇二三年には軍拡予算確保法と軍需産業強化法が成立した。

土地規制法までは立憲主義を尊重する立場の野党は一致して反対していたが、経済安保法や軍需産業強化法ではそのスクラムが崩れ、立憲民主党が賛成してしまっている。

こうして、特定秘密保護法と経済安保法をシームレスに連携させ、経済分野に秘密保護法制を拡大する法律案として経済秘密保護法案が、二〇二四年の通常国会に提案されたのである。

私は、二〇一七年に『戦争する国のつくり方』（彩流社）という本で、治安維持法、軍機保護法、国防保安法、要塞地帯法、国家総動員法、内閣情報局、同盟通信社、隣組制度など、かつて戦争の遂行のためにつくられた法律や制度、機関を総ざらいして整理した。そして、これからの日本で政府が出してくるであろう法制度について警鐘を鳴らしたが、気づけば、それがすべて実現されてしまっている。

## 経済秘密保護法の危険性

経済秘密保護法は、特定秘密保護法で対象とされていた四分野（外交・防衛・スパイ活動・テロリズム）に加えて、さらに「重要経済安保情報」についても秘密指定することで秘密保護法制を著しく拡大し、市民の知る権利の制限を拡大しようとする法律である。

法の第三条では「行政機関の長は、重要経済基盤保護情報であって、公になっていないもののうち、その漏えいが我が国の安全保障に支障を与えるおそれがあるため、特に秘匿する必要があるものを、重要経済安保情報として指定する」「指定に係る重要経済安保情報の範囲を明らかにするため表示等の措置を講ずる」とされている。経済安保にかかわる情報のうち一部は特定秘密に指定することとし、これに達しない情報を「重要経済安保情報」として指定する仕組みであると説明されている。このように、秘密レベルの複層化が図られているのである。

次に、第二条で、重要経済基盤とは「我が国の国民生活又は経済活動の基盤となる公共的な役務であってその安定的な提供に支障が生じた場合に我が国及び国民の安全を損なう事態を生ずるおそれがあるものの提供体制」「国民の生存に必要不可欠な又は広く我が国の国民生活若しくは経済活動が依拠し、若しくは依拠することが見込まれる重要な物資（プログラムを含む。）の供給網」と定義されている。しかし、これはほとんど限定になっていない。食料やエネルギー供給なども「国民の生存に必要不可欠」であるから、当然入りうる。

また、この第二条では「重要経済基盤保護情報」が次の四点に整理されている。

①外部から行われる行為から重要経済基盤を保護するための措置又はこれに関する計画又は研究

②重要経済基盤の脆弱性、重要経済基盤に関する革新的な技術その他の重要経済基盤に関する重要な情報であって安全保障に関するもの

③①の措置に関し収集した外国の政府又は国際機関からの情報

④①②に掲げる情報の収集整理又はその能力

この規定も、言葉の定義としてあまりにもあいまいであり、歯止めを欠いているといわざるを得ない。

この法律によってどのような情報が具体的に秘密指定される可能性があるのか、現時点で見通すことは難しいものの、経済安保法が管轄するサプライチェーンの多様化、インフラ企業のＩＴ審査、軍民デュアルユース技術の開発などがこれに含まれることは疑いがない。より具体的に言えば、有識者会議の最終とりまとめには次のような情報であると記載されている（本書井原論文参照）。

①サイバー攻撃に対抗するための能動的サイバー情報を含む各種情報

②経済安保情報としての特定重要物資（抗菌性物質製剤、肥料、永久磁石、工作機械・産業用ロボット、航空機の部品、半導体、蓄電池など一一件、重要鉱物二〇種）にかかわる情報および基幹インフラ（今国会に提案された新法で港湾が付け加わり、一五業種となった）に関するＩＴ設備・機器・プログラム関連情報

③ＡＩ技術、量子技術、宇宙、海洋など先端・新興技術分野の研究開発関連情報

④国際共同研究開発関連情報

これらは法律に明記されておらず、今後、政令段階の改定だけで拡大できる。たとえば、抗生物質の原材料や肥料の材料を、どの企業がどこの国から調達しているかということまで秘密化される可能性を、政府委員は質疑の準備過程では認めたが、高市担当大臣は答弁においては否定した。このように関係者間で統一的な解釈がなされていないことも、恣意的な法適用の可能性を示

している。中国やロシアからの輸入が制限されるなかで、特定重要物資の調達先、調達方法、物資の活用方法など、各事業者の営業秘密やノウハウにあたる情報を政府に報告する義務が生じるとともに、それと引き換えに「同盟国・同志国」からの調達に切り替えることや、その支援のための政府からの情報なども秘密指定される可能性がある。

実際、経済秘密保護法と同時に提出された経済安保法改正案で、港湾・船舶があらたに加えられている。このように、経済安保法は今後も次々に適用対象範囲が拡大していく可能性がある。審査の結果、これらの企業のＩＴシステム（設備・備品・プログラムなど）の調達先にファーウェイ社などの中国系ＩＴ企業の製品が含まれている場合には、その撤去と他のシステムとの交換を要求され、政府がその費用を支援することとされている。

政府による審査の対象となる一五種の基幹インフラ企業は、電気、ガス、石油、水道、鉄道、貨物自動車運送、外航貨物、港湾運送、航空、空港、電気通信、放送、郵便、金融、クレジットカードとされ、日本の大企業のほとんどが含まれるといえるだろう。

政府は、秘密指定されるのは政府が「保有」している情報であり、民間が保有している情報を直接に秘密指定するわけではない、などと説明している。「有識者会議」の最終とりまとめでも、「秘密指定の対象となるのは、政府が保有している情報であり、政府が保有するに至っていない情報を政府が一方的に秘密指定することは想定されない」「また、政府が民間事業者等から提供を受けて保有するに至った政府保有情報の取扱いについては、秘密指定すること自体が妨げられるものではないものの、秘密指定の効果は、政府との間で秘密保持契約を締結し、政府が秘密指定している情報と告げられてその提供を受けた者にのみ及び、かつ、それは、従前から民間事業者等が保有していた情報と重なる部分がある場合には、当該従前からの保有情報の管理に規制が加わるものではないと整理すべきである」と述べている。

しかし、第七回会議では、「民間企業から政府に共有されて、なんらか付加価値がついたような場合には、対象となり得る」といった考えも示されている。経済安保法の仕組みのもとでは、多くの機微情報が政府に集約され、審査される。そして、それらが秘密指定される。政府に提出された資料ということは秘密指定の縛りにはならないのだ。

## 秘密指定の拡大という危険性

秘密指定の対象として、政府は、サプライチェーンの多様化、インフラ企業のIT審査に絞り込んだと国会で説明している。しかし、これは有識者会議における議論と大きくかけ離れており、軍民デュアルユース技術の開発も、法二条4項の「重要経済基盤に関する革新的な技術」に含まれることは明らかである。すでに見たように、秘密指定の対象が政令によって拡大されていくおそれは大きい。法の規制内容の大半が政令に委任され、経済安保の概念の外延を確定する定義規定もない。したがって、食糧安保やエネルギー安保、もっと広い産業原材料の輸出入や基幹産業製品の輸出入などにまで適用範囲が拡大される可能性がある。すくなくとも、法の構造上、そうはならないと言い切れる仕組みとなっていない。

これまで取扱注意程度の規制であった情報までを重要経済安保情報とするので、経済的な安全保障に関わる広汎な分野の情報が秘密とされることとなる。提案では、国家の安全を著しく害するに至らない情報なので、情報監視審査会の監督対象からも外され、国会に指定件数を報告する特定秘密保護法上の制度の対象からも外すこととされている。国民の知る権利が大幅に縮小され、政府の恣意的運用が危惧される。

## 最先端技術をめぐる知識・情報の秘密化

ＡＩ技術を軍事利用しようとする動きが世界中で加速している。国連は、ＡＩ自身で攻撃対象を「判断」するような自律型ＡＩ兵器の開発を条約で禁止しようとしている。しかし、このような課題をめぐる議論も、技術の内容が秘密にされてしまうと実質的に難しくなるだろう。非人道的兵器の出現を阻止するための議論においては、その技術をめぐる情報が不可欠である。

こうした兆候はすでにあらわれており、経済秘密保護法によってＡＩ技術の開発をめぐる情報が秘密のベールに覆われてしまうと、その軍事利用の適否を公的に論ずることすら難しくなるだろう。

軍民デュアルユース技術開発の最先端は、ＡＩ兵器や兵士の強化改造にまで踏み込みつつある。三菱化学生命科学研究所の主任研究員で生命倫理政策研究会共同代表である㮈島《ぬでしま》次郎氏は、『科学技術の軍事利用――人工知能兵器、兵士の強化改造、人体実験の是非を問う』（平凡社新書）と題した著書の中で、軍民デュアルユース研究の最先端の状況を紹介しており、たとえば米国家情報長官による世界規模の脅威評価の年次レポート二〇二二年度で、新規の生物兵器の開発を可能にする軍民デュアルユース技術が名指しされていること、二〇二〇年にはリビアの内戦でAIの働きによって敵を自動的に捕捉して攻撃する無人機であるトルコ製のKargu-2が実戦に使われたことなどが報告されている。

ロシアのウクライナ侵攻においても自動兵器システムが使用されており、これに対してウクライナもアメリカ製の自爆型ドローンを使用していると報じられている。

このような兵器は、アメリカやロシアだけではなく中国、トルコ、オーストラリア、イスラエルなどが開発している。イスラエルが開発した「ハーピー」は、敵レーダーを発見したら突入して自爆する徘徊型兵器である。中国やインド、韓国にも輸出されているという。また、イスラエルは「神風ドローン」などのAI兵器を開発している。こうした非人道的兵器やその規制をめぐる論議は、技術的な情報が共有されて初めて実質を持ちうるということが理解されよう。

アメリカのDARPA（アメリカ国防高等研究計画局 Defense Advanced Research Projects Agency）は、高度の人工知能を備えて人間の指令関与なしに敵を識別して攻撃できる完全自律致死性兵器システム（Lethal Autonomous Weapon System LAWS）を開発している。人間の倫理感や良心とこれを担保する責任を欠いたシステムが戦争において使用されることは国際人道法の根底を覆す事態である。これをLAWSつまり「法律」という名前で呼ぶというのは、インターネットやドローンを開発し、国際人道法に挑戦してきたDARPAらしい皮肉なユーモアだ。

二〇一九年三月二一日、日本政府は、特定通常兵器使用禁止制限条約（CCW）の枠組みのもとで、LAWSに関する政府専門家会合（GGE）の二〇一九年第一会期に作業文書を提出し、日本は完全自律型の致死性を有する兵器を開発しない立場であるとした。だが、有意な人間の関与が確保された自律型兵器システムについては、ヒューマンエラーの減少や省力化・省人化といった安全保障上の意義があるとしている。決して開発は否定しておらず、むしろ開発を進めるとしているのである。完全自律型と自律型の間にどのような明確な線が引けるのかが焦点となっている。

二〇二三年一一月二日の国連第一委員会において、事務総長に対して、LAWSの開発について調査を行ない、法的拘束力を持つ文書を準備することを求める決議が採択された。オーストリアと四三カ国の共同提案国によって提起されたこの決議は、一〇年の討議を経て、ついに日本を含む一六四カ国が賛成、五カ国（ロシア、マリ、インド、ナイジェリア、ベラルーシ）が反対、八カ国（中国、朝鮮民主主義人民共和国、イラン、イスラエル、サウジアラビア、シリア、トルコ、アラブ首長国連邦）が棄権する中で採択されたのである。

ローン・フランク『闇の脳科学――完全な人間をつくる』（文藝春秋）によれば、アメリカでは、兵士の改造・強化の研究開発が加速されている。長時間眠らなくてよい、夜間の視力を高める、体温を調節し、食事をとらずに活動を継続できる、人間とコンピューターをつないで情報処理する、装備の運用能力を高める、脳内物質を投与し学習能力を高める、脳への外部メモリーの接続・シリコンチップの埋め込み・電気・磁気刺激により記憶学習能力を高める、認知行動療法と薬物の投与によってストレスへの耐性を高める――といった開発が行なわれているという。最後の技術は拷問にも耐えられる兵士をつくるものとされる。

国際人権自由権規約第七条は、「何人も、拷問又は残虐な、非人道的な若しくは品位を傷つける取扱い若しくは刑罰を受けない。特に、何人も、その自由な同意なしに医学的又は科学的実験を受けない」と定めているが、このような技術開発はまさに人体実験であり、対象となる軍人の同意を取るとはされていても、上命下服の厳しい軍隊内では「自由な同意」が確保されず、人権規約七条に抵触する可能性が強いといわざるを得ない。

また、高市担当大臣は、ＡＩ技術が秘密指定される可能性について「非公知のものである、全く知られていないものであって、国家の安全保障を守るために特に秘匿すべきものであるということになったら、ＡＩ技術の中でも国が保有する情報の一部について指定される可能性がゼロだとは申し上げません」と答弁し、可能性を否定しなかった（三月八日参議院予算委員会における答弁）。

## 原子力の技術開発はどう扱われるか

こうして、経済安保政策が推進されるもとで、日本の経済そのものが軍産学共同によって変質し、軍事国家化していく。のちに詳しく述べるが、戦前の戦争遂行体制のもとでは、国家総動員法などを通じて経済全体が軍事国家化していった。その時と同じことが、いま日本で起きようとしていると私には見える。そして、重要なことは、広範な情報が秘密とされて、日本政府やその関連する公私の研究機関で何が研究され、そこでどういう倫理的な問題が起きるのかについて、ジャーナリストも含めて、公に討論することが難しくなってしまうということである。そういう危険がすでに現実のものになろうとしている。

私は原発の安全性を司法の場で問いつづけてきた。経済安保法の中には原子力情報の非公開ということも盛り込まれている。岸田政権は、3・11で否定されたはずの原子力に回帰する政策を推進し、日本の原発の容量を三倍にする、高速炉や高温ガス炉、小型炉なども研究開発していくと言い始めている。原子力を経済安保の枠組みに入れることで、たとえば次世代革新炉の研究開発などまで秘密のベールに覆われてしまうだろう。その危険性やさまざまなリスクをめぐる議論が阻害されることになろう。

高速増殖炉もんじゅの訴訟にも私は関わってきたが、プルトニウムを生み出す原子炉であるもんじゅは「究極の軍民デュアルユース技術」といえる。そのため、もんじゅをめぐる訴訟を提起する際に、私たちはその設置許可申請書すら見ることができなかった。野党の国会議員などの協力を得ることで許可申請書を明らかにさせることはできたが、膨大な研究開発情報は非公開となっていた。のちに名古屋高裁金沢支部で、もんじゅ設置許可の無効を宣言する判決を得ることができたのは、そのような秘密情報の重要部分をあばくことができたからである。たとえば、もんじゅの炉心が核暴走を引き起こすおそれがあるとした動燃の内部レポートは「取扱注意」の表示がなされたまま古書店で売られていたのである。

経済秘密保護法の成立後には、取扱注意すなわちコンフィデンシャル級の情報も「重要経済安保情報」として指定されるであろうし、そうしたことが記載されたレポートを古書店に売却する行為も違法行為とされてしまうであろう。

## 秘密保護法制の複層化

日本の秘密保護法制のもとでは、秘密保護法における「特定秘密」や、国家公務員法における「職務上知ることのできた秘密」のように、守秘義務の対象とされる秘密は単層（単一のもの）とされてきた。

二〇二二年に制定された経済安保法にも、秘密漏洩に関する罰則規定が存在したが、その定める秘密漏洩に関する罰則（九二〜九四条）は、いずれも拘禁二年／一年以下であり、国家公務員法違反のレベルであったといえる。

高山佳奈子・京都大学教授は、「経済刑法と経済安全保障」（『法律時報』九六巻一号）において、この経済安保法に定められた秘密漏洩に関する罰則規定について次のように厳しく批判している。関連部分を抜粋する。

二条で政府が定めることとされている「基本方針」の内容も法律によって方向づけられていないから、これで憲法上のさまざまな自由を制約することには問題がある。五条に「この法律の規定による規制措置は、経済活動に与える影響を考慮し、安全保障を確保するため合理的に必要と認められる限度において行わなければならない」とする留意条項があるが、精神的自由の制約は無視されている。

六条以下ではほぼ行政への白紙委任による計画経済の実施が書かれており、これに違反すると罰則の対象である。法定刑の程度は既存の法律と比較して高くないものの、だからといって方向性が明示されていない規制で処罰できることになるわけではない。国立大学法人法や日本学術会議法の最近の扱いをふまえると、これは、防衛関連産業の利権を実現するために、公正な競争や自由な業務活動を犠牲にしようとするものにしか見えてこない。実際、法律の規定はそれを可能にする内容である。

刑事実体法の観点からすると、この罰則には、特定委任の原則や比例原則に反する問題があると解される。一般市民の日常生活の監視には直ちにつながらないかもしれないが、結局のところ日本の産業競争力を弱体化させるものであろう。

まさに高山教授の指摘のとおりである。経済秘密保護法においても、経済安保関連の外延を明確にすることなく、秘密漏洩、第三者による秘密取得の法定刑を拘禁一〇／五年へと著しく厳罰化しようとしている。

見過ごせないことは、中間論点整理において、さらに秘密指定の複層化・多段階化が示されていたことである。それは、「トップ・シークレット（機密）」「シークレット（極秘）」「コンフィデンシャル（秘）」の三段階化が検討され、これまで「取扱注意」とされていたにすぎない情報でも、漏洩に対する罰則付きの「コンフィデンシャル（秘）」とされる可能性があるとの論点整理となっていた。

国会に提出された段階では、この点は、経済安保関連の重要経済安保情報について、わが国の安全保障に著しい支障を与える情報は「特定秘密」としてその漏洩は拘禁刑一〇年とすることとされ、我が国の安全保障に支障を与える情報は「重要経済安保情報」として、同じくその漏洩は拘禁五年の刑に処すこととなった。支障が著しいかどうかで刑期を倍にするとしている。もともと国家公務員法上の秘密漏洩は拘禁一年以下の刑罰の対象とされてきた。原子炉等規制法、自衛隊法の秘密漏洩についても、拘禁一年以下の刑罰しか規定されてこなかったことに鑑みても、秘密漏洩への処罰が著しく厳罰化されようとしていることがわかる。

## セキュリティ・クリアランス――秘密保護法制の民間人への大幅な拡大

重要経済安保情報を取り扱う業務は、「適性評価」においてこれを漏らすおそれがないと認められた者に限定することとされた（第一一条）。いわゆるセキュリティ・クリアランスである。

また、特定秘密保護法における適性評価において特定秘密の取り扱いの業務を行なった場合にこれを漏らすおそれがないと認められた者は、その有効期間（五年間）に限り、追加の調査なく、重要経済安保情報の取り扱いの業務を行なうことができることとされた（第一二条）。

適性評価においては、次の項目について調査が行なわれることになる。

①重要経済基盤毀損活動との関係に関する事項（評価対象者の家族及び同居人の氏名、生年月日、国籍及び住所を含む。）

②犯罪及び懲戒の経歴に関する事項

③情報の取り扱いに係る非違の経歴に関する事項
④薬物の濫用及び影響に関する事項
⑤精神疾患に関する事項
⑥飲酒についての節度に関する事項
⑦信用状態その他の経済的な状況に関する事項

調査の結果にもとづき、重要経済安保情報の取り扱いの業務を行なった場合に漏洩するおそれがないことについて評価するとされている（第一二条）。

このような適性評価の実施がなされれば、具体的にどんなことが起こるだろうか。

サプライチェーンや基幹インフラに関与する多数の民間事業者、先端的・重要なデュアルユース技術の研究開発に関与する大学・研究機関・民間事業者の研究者・技術者・実務担当者、さらにはそれらの人々の家族・同居人など、膨大な数の人々――おそらく数十万にも達する人々が、このセキュリティ・クリアランス制度による適性評価のための調査を受けることとなるだろう。

政府は、適性評価は、評価対象者の同意を得たうえで調査を実施するとしている。しかし、「同意」しなければ、現在担当している仕事を続けられなくなり、何か不都合なことがあるのかと詮索されるだろう。実質的には同意しない自由はなく、同意すれば、前科前歴は当然のこと、家族に精神疾患をもつ者がいるか、飲酒習慣をもつ者がいるか、住宅ローンなどの有無、外国籍の者がいるかどうかなどが徹底的に調べられるのである。このように、適性評価は、評価対象者やその周辺の人々のプライバシーを深く侵害する可能性がある。内閣府の担当者は、議員に対する説明において、開発チームの中の特定の者だけを適性評価の対象とし、不適となった者もチームの一員に残って仕事は続けられると説明している。しかし、どのような理由で不適となったかは企業や研究機関には知らされない。そのような者を開発チームに残すということはほとんどあり得ない。

そして、調査事項は「重要経済基盤毀損活動」との関係に関する事項とされている。「重要経済基盤毀損活動」とは、「重要経済基盤に関する公になっていない情報のうちその漏えいが我が国の安全保障に支障を与えるおそれがあるものを取得するための活動等の活動であって外国の利益を図る目的で行われ、かつ、重要経済基盤に関して我が国及び国民の安全を著しく害するおそれのある活動」、「政治上その他の主義主張に基づき、国家若しくは他人にこれを強要し、又は社会に不安若しくは恐怖を与える目的で重要経済基盤に支障を生じさせるための活動」とされ、スパイ活動やテロ活動との関係を調べるという目的が一応示されている。

しかし、調査事項のうち、「我が国及び国民の安全を著しく害し、又は害するおそれのあるもの」（特定有害活動）という文言は抽象的であり、恣意的な判断によって個人の政治活動や労働組合活動、さらには思想・信条にまで踏み込んだ調査がなされる可能性が高い。労働組合や反戦平和運動、脱原発を標榜する市民活動などに参加することは市民的権利であり、完全に自由であるはずだが、過去にこのような活動に関わっていたというだけで従来の業務を続けられなくなるという深刻な人権侵害の起きることが予測されるのである。

しかも、行政機関の長は、適性評価のための調査にあたって、対象者の知人その他の関係者に質問したり、資料の提出を求めたり、公私の団体に照会して報告を求めることできる。本人や家族等の国籍（日本国籍を取得していた場合でも過去の国籍）や、服用している薬や、精神疾患などについて調べるということは、一定の国籍の者や精神疾患を抱える者に対する差別そのものである。さらに、適性評価によって得られた個人情報は目的外に利用しないことが原則ではあるが、「適性評価又は適性評価調査の実施によって当該個人情報に係る特定の個人が国家公務員法第三十八条各号等に該当する（公務員の欠格事由）疑いが生じたとき及び特定秘密保護法第十二条第四項（秘密保護法における適性評価手続）に基づく照会に対して必要な事項を報告するときは、この限りでない」と定めている。調査情報が流用される可能性を否定していないのである。

この適性評価制度は、もともと特定秘密保護法によって導入されたものである。特定秘密保護法のもとで導入された適性評価制度は、公務員だけでなく一部は民間から政府に出向した事業の従業者なども対象としたが、その対象の大半は公務員が対象であり、自衛隊と警察の構成員が大半であった。これまでも少数ではあるが、適性評価において、不適とされた者もいる。このような評価がなされた者が、その後どのような処遇を受けることとなったかは、明らかにされていない。

## 調査機関としての総理大臣

適性評価は各行政機関が実施するが、評価のための調査においては、ほぼ一元的に内閣総理大臣が実施する仕組みとされていることにも注意を要する。

適性評価の対象とされる数十万人にも及ぶであろう官民の技術者・研究者について、内閣総理大臣のもとに設けられた機関が、「重要経済基盤毀損活動」との関係で、先述した幅広い個人情報についての調査を行なう。すなわち、内閣総理大臣のもとに設けられる新たな情報機関に適性評価対象者の膨大な個人情報が蓄積されることとなる。適性評価の対象者は行政機関の長に苦情の申出をすることができる（法案一四条一項）。行政機関の長はこの苦情を誠実に処理する（同条二項）とされるが、調査を実施する内閣総理大臣には何らの責務も規定されていない。

このような調査機関の設置と情報の集積、そしてその全体の秘密化は、中央情報機関（ＪＣＩＡ）を設置していく準備作業とみることもできる。その活動そのものが、日本社会を監視社会化し、表現の自由に対する委縮効果をもたらす可能性がある。

### 経済安保情報の漏洩と取得が厳罰の対象に

法の定める罰則についてみていく（法案二二～二七条）。前提として、経済安全保障に関する情報であっても、安全保障に著しい支障を及ぼすおそれのある場合は特定秘密保護法を適用することとされており、その場合の罰則は特定秘密保護法の一〇年である。

①取扱業務従事者が漏洩した場合……重要経済安保情報の取り扱いの業務に従事する者が、その業務により知り得た重要経済安保情報を漏らしたときは、五年以下の拘禁刑もしくは五〇〇万円以下の罰金に処し、またはこれを併科する。重要経済安保情報の取り扱いの業務に従事しなくなった後においても同様。

②知得者が漏洩した場合……公益上の必要等により提供された重要経済安保情報を知り得た者が漏らしたときは、三年以下の拘禁刑もしくは三〇〇万円以下の罰金に処し、又はこれを併科。

③第三者による取得行為……外国の利益もしくは自己の不正の利益を図り、または我が国の安全もしくは国民の生命もしくは身体を害すべき用途に供する目的で、人を欺き、人に暴行を加え、もしくは人を脅迫する行為により、または財物の窃取もしくは損壊、施設への侵入、有線電気通信の傍受、不正アクセス行為その他の重要経済安保情報を保有する者の管理を害する行為により、重要経済安保情報を取得したときは、当該違反行為をした者は、五年以下の拘禁刑もしくは五〇〇万円以下の罰金に処し、またはこれを併科。

④共謀・教唆・煽動……①または③の行為の遂行を共謀し、教唆し、または煽動した者は、三年以下の拘禁刑または三〇〇万円以下の罰金に処する。

⑤共謀・教唆・煽動……②の行為の遂行を共謀し、教唆し、または煽動した者は、二年以下の拘禁刑または二〇〇万円以下の罰金に処する。

また、「法人の代表者又は法人若しくは人の代理人、使用人その他の従業者が、その法人又は人の業務に関して、漏えい若しくはその未遂又は不正取得若しくはその未遂行為をしたときは、その行為者を罰するほか、その法人又は人に対し、各本条の罰金刑を科する」とされた。

「最終とりまとめ」でも、「経済安全保障上重要な情報のうち、トップ・シークレット級及びシークレット級の情報については、特定秘密保護法の法定刑と同様の水準とすることが適当であることは言うまでもない」、「コンフィデンシャル級の情報に対してどのような水準としていくかは、不正競争防止法や国家公務員法など漏えい行為を処罰する国内法とのバランスも踏まえながら、政府において具体的に検討していくべきである」としていた。

このような罰則とするには、法案化の段階で、政府内で議論があったようだ。政府は二〇二三年一一月二〇日の有識者会議では、罰則を特定秘密保護法なみの水準とする方針を示していたが、提出された法案では先述のように一〇年と五年の二段階としたのである。

中間論点整理の段階では、民間企業に組織的な秘密保護制度・計画を導入することから、特定秘密等にかかわる政府職員等にとどまらず、民間までを含めたポータビリティ性のある信頼性の確認手続きの導入がめざされていた。

この点は、法一二条において、従来の適性評価を受けていた者について、一定期間、適性評価を不要とする制度が提案されている。しかし、中間論点整理の段階では、プライバシー保護や労働法令との関連の整理も行なうことが告知されていたが、このような規定は実際には法案に含まれなかった。

中間論点整理の最後には、今後の「法的課題」として、公文書管理にかかわる諸制度、原子炉等規制法、営業秘密制度（不正競争防止法）、特許出願非公開制度、輸出管理制度をも検討対象とすることが示されていたが、これらの課題は先送りされたものとみられる。

## 秘密保護法の根本的問題

ここで、経済秘密保護法の原型といえる特定秘密保護法（二〇一三年成立・二〇一四年施行）の内容とその問題点を振り返っておきたい。

二〇一三年一二月六日、安倍政権のもと、野党と市民の大反対の中で成立した特定秘密保護法の、いったい何が問題なのか。秘密保護法は次の三本柱からなっていた。

①国の安全保障に関する情報を「特定秘密」に指定する。

②特定秘密を取り扱う者を制限するために、「適性評価制度」を導入する。

③特定秘密を漏洩した者や特定秘密を取得した者を、厳しく処罰する。

この法律のカギとなる概念は「特定秘密」である。

特定秘密は、①防衛、②外交、③特定有害活動の防止、④テロリズムの防止の四分野の情報であって、公になっていないもののうち、「その漏えいが我が国の安全保障に著しい支障を与えるおそれがあるため、特に秘匿することが必要であるもの」と定義されていた。

しかし、たとえば防衛の分野を見ると、「特定秘密」として指定し得る事項が自衛隊法別表第四と同様になっている。つまり、防衛省の所掌事務をすべて網羅するように挙示され、列挙による限定はないに等しいのである。すなわち、政府が秘密を恣意的に拡大することが可能な仕組みとなっており、行政機関による恣意的運用を防ぐことができないことが、野党や日本弁護士連合会（日弁連）、多くの市民がこの法案に強く反対した理由である。

多くの戦争が、その開始、遂行の過程で、政府にとって都合の悪い情報は秘密とされ、市民の目がふさがれる状況で進められてきた。まさに、情報は民主主義のコメであり、適切な情報が開示されない状況のもとでは民主主義的な意思決定は困難である。

日本の戦前を見ても、一九三一年九月一八日に奉天郊外の柳条湖で、関東軍（満鉄を守備する日本陸軍）が満鉄の線路をみずから爆破しながら、これを中国軍の仕業であると宣伝し、関東軍は「満州」全土を占領した。しかし、この情報は一九四五年の太平洋戦争の終了時まで、ごく一部の国民を除いて完全に秘密とされた。

また、一九四二年のミッドウェー海戦で日本軍が大敗したことは、日本の敗戦を決定づけた重大な事実であるが、この事実もまた、戦意高揚のためとして秘密とされた。ミッドウェー海戦からかろうじて生還した息子の話を近親者に話したことが軍事上の秘密を漏洩したとして検挙された事例が特高資料に見いだせる。その話の内容は、「多くの戦艦が旧式で奇襲に適さなかった。新鋭艦『飛龍』のみが先進艦隊と行動を共にしていた。被弾し、一時間で沈没、艦長は割腹自殺を遂げた。乗組員一五〇〇名中、生還したのはわずか五名である。飛行機の損害は一〇〇機をくだらない」などというものであった。この事件の判決内容は不明であるが、真実の戦況を伝えることが禁圧され、検挙の対象とされていたことがわかる（横浜弁護士会『資料 国家秘密法』一九八七年）。

このように秘匿することが必要でない、秘匿するべきでない情報までが主権者たる国民に知らされないと、国民の知る権利は侵害され、ひいては国の進路を誤ることとなる。

また、ジャーナリストや市民が情報を取得しようとした場合に、それが特定秘密なのかの判断も困難であり、市民活動の萎縮につながってしまうおそれがある。

## ツワネ原則

日弁連が特定秘密保護法の制定に反対した際、その根拠としてツワネ原則（「国家安全保障と情報への権利に関する国際原則」）が援用された。ツワネ原則とは、七〇カ国以上の五〇〇人を超える安全保障と国際法の専門家たちの手でつくられ、二〇一三年六月に公表された実務的ガイドラインである。「国家安全保障上の理由による情報非公開」が、いかなる場合に許容されるか等について定めている。

その冒頭には、「本原則が起草された背景と理論的根拠」と題して次のように説明が付されている。問題の本質が正確に整理されているので、ここに引用する。

　国家安全保障と国民の知る権利は、しばしば、対立するものとみなされる。政府は国家安全保障上の理由から情報を秘密にしておきたいと望み、一方で国民には公権力が保有する情報に対する権利がある。この二つの事柄の間には、時として緊張関係が存在する。しかしくもりのない目で近年の歴史を振り返ると、正当な国家安全保障上の利益が最大に保護されるのは、実際には、国の安全を守るためになされたものを含めた国家の行為について、国民が十分に知らされている場合だということがわかる。

国家の行為を国民が監視することができ、情報にアクセスすることができるようになれば、公務員の職権乱用を防ぐだけでなく、人々が国の方針決定に関与できるようになる。つまり情報へのアクセスは、真の国家安全保障、民主的参加、健全な政策決定の極めて重要な構成要素である。そして、人権の行使が完全に保障されるためには、ある一定の状況下では、正当な国家安全保障上の利益を守るために情報を秘密にすることが必要な場合があり得る。

多くの国において、ひとたび国家安全保障が持ち出されると、司法が政府の主張に対して極めて従順になり、独立性をほとんど失ってしまうという事実があり、このことが、国家安全保障と国民の知る権利のバランスを正しく保つことをますます困難にしている。国の安全に対するほんのわずかな脅威の提示や、脅威があるという政府の単なる主張があれば、情報への権利や、通常の証拠規則や被告人の権利に例外を設ける治安法を持つ国が多く、そのような法律も政府への追従に拍車をかけている。国の安全が脅かされていると政府が過剰に主張すれば、政府の暴走を防ぐために作られた主な仕組み（裁判所の独立、法の支配、立法府による監視、メディアの自由、開かれた政府）の機能を大幅に損ねてしまうおそれがある。

本原則は、上述したような積年の難題に応えるものであり、また、近年かなり多くの国が、情報の非公開制度とその関連法を作成・修正し始めているという現実に対応するものである。

経済的な安全保障にかかわる広汎な分野の情報が秘密とされ、関連する技術者や研究者、さらには市民を監視するシステムが構築されると、裁判所の独立、立法府による監視、メディアの自由、開かれた政府、言い換えれば民主主義の過程そのものが傷つけられるだろう。まさに、国を守ることを目的として情報を秘密にしたために、かえって国の安全を損なうこととなるのである。

## 秘密保護法で大幅に強化された刑事罰

秘密保護法の最大の特徴は、それまで懲役一年の刑とされてきた国家公務員法違反の刑を著しく厳罰化したことである。

特定秘密を取り扱う者が漏洩した場合は、一〇年以下の懲役、一〇〇〇万円以下の罰金とされ、漏洩が未遂で終わっても同様である。過失により漏洩した場合も処罰するとされ、著しく重罰化された。このような厳罰規定によって、秘密を取り扱う公務員等が萎縮し、特定秘密ではない情報についても開示を自粛するという影響が生じる可能性もあると批判された。

また、外部の第三者が特定秘密を取得する行為も広範に処罰対象とされた。この場合も一〇年以下の懲役、一〇〇〇万円以下の罰金とされ、取得が未遂で終わっても同様とされているのは、特定秘密を取り扱う者が漏洩した場合と異ならない。

秘密保護法二二条は「この法律の適用に当たっては、これを拡張して解釈して、国民の基本的人権を不当に侵害するようなことがあってはならず、国民の知る権利の保障に資する報道又は取材の自由に十分に配慮しなければならない」としたうえで、「二　出版又は報道の業務に従事する者の取材行為については、専ら公益を図る目的を有し、かつ、法令違反又は著しく不当な方法によるものと認められない限りは、これを正当な業務による行為とするものとする」と定めている。この規定は、ジャーナリストを守るための規定と説明されているが、法違反だけでなく、「著しく不当な方法」での取得は処罰するとしており、また、職業的ジャーナリスト以外の市民活動家、ブロガー、ユーチューバーなどは適用の対象とされていない。さらに、政府の違法行為を暴いた内部告発者、市民活動家を守る仕組みもないのであり、極めて不十分な保護規定である。

また、「管理を害する行為」の内容は、例示によってもなお不明確である。そして、これらの行為の遂行を共謀、教唆、煽動した場合も、五年以下の懲役とされている。いずれも、漏洩や取得の実行行為がなくても処罰をすることを意味している。処罰時期が著しく前倒しとされており、話し合った段階でも処罰されてしまうのである。

## 国連・自由権規約委員会からの二度の勧告

国連自由権規約委員会は、第六回（二〇一四年）・第七回（二〇二二年）の審査で、特定秘密保護法について、厳しい改善勧告を発した。

①特定秘密の対象となる情報カテゴリーを明確にすること

②国家の安全という抽象的な概念により表現の自由を制約するのではなく、自由権規約一九条三項に則った制約となるようにすること

③公共の利益に関する情報を流布することにより個人が処罰されないことを保障すること

これらの勧告はこれまで日弁連や秘密保護法対策弁護団などが指摘してきた内容に沿っており、秘密保護法には根本的な欠陥があることが国際的にみても明らかであることがわかる。

二度にわたる勧告にもかかわらず、日本政府による改善は何もなされておらず、経済秘密保護法でも何らの対策も示されていない。

## 「秘密大国」アメリカとの比較

日本の秘密保護法では、政府の違法行為を秘密に指定してはならないことが法に明記されていない。これに対して、アメリカの場合は明確に違法秘密の指定を大統領令で禁止している。

オバマ政権時に制定された大統領令では、「法令違反、非効率性の助長または行政上の過誤の秘匿」、「特定の個人、組織または行政機関に問題が生じる事態の予防」、「競争の制限」、「国家安全保障上の利益の保護に必要のない情報の公開を妨げ、または遅延させること」を秘密に指定することは明示的に禁止されている。

これに対して、日本政府は、市民の反対を受けて、特定秘密保護法の運用基準においてこの点を盛り込んだ。しかし、運用基準は法令ではなく、法的な拘束力が乏しい。さらに、その運用の監視は、独立公文書管理監と衆参両議院の情報監視審査会によるものにとどまり、秘密指定を解除できる仕組みを欠いている。

これに対して、アメリカでは複数の秘密指定解除の仕組みがある。そこで重要な役割を担っているのがISOOとISCAPである。

情報保全監察局(Information Security Oversight Office　ISOO)は国立公文書館の部局として設置されている。情報保全に関する行政監察権限とともに、行政機関に対する機密解除請求権が付与され、その活動により、多くの国家機密の指定を解除させてきた（国立国会図書館「諸外国における国家秘密の指定と解除――特定秘密保護法案をめぐって」（『調査と情報』八〇六号、二〇一三年一〇月三一日）。

また、省庁間機密指定審査委員会（Interagency Security Classification Appeals Panel　ＩＳＣＡＰ）は、機密指定に関して重大な役割を担う行政機関の代表者による合議制機関であり、それには国務省、国防総省、司法省、国立公文書館、国家情報官室、国家安全保障問題担当大統領補佐官から同委員会の構成員として任命された幹部レベルの代表者と、必要に応じ中央情報局（ＣＩＡ）長官が指名する非常任の代表者が含まれており、審査請求に対して裁決などを行なう（前掲『調査と情報』）。

ＩＳＯＯの「2015 Report To The President」によると、二〇一五年に自動秘密指定解除により秘密指定解除されたのは三六〇四万二〇二二頁におよび、さらに体系的秘密指定解除審査により秘密指定解除されたものが七〇万六八五九頁、裁量的秘密指定解除審査により秘密指定解除されたのは三万七〇八頁である。また、強制的秘密指定解除審査により、全体として秘密指定解除されたのが二四万七一七頁、一部解除されたのが一〇万九三四九頁となっている。

アメリカはまぎれもなく「秘密大国」ではあるが、このような複層的な秘密開示のシステムにより、タイムラグはあるとしても、ＣＩＡやＮＳＡの活動は最終的に明らかにされる仕組みができているといえる。

ところが、これまでの日弁連や市民の強い訴えにもかかわらず、日本の特定秘密保護法については、このようなアメリカの制度にならったシステムは導入されなかった。両院の情報監視審査会と行政内部における独立公文書管理監は存在するものの、その独立性や権限はアメリカとは比較にならないほど貧弱である。

そして、二〇二四年国会に提起された経済秘密保護法においても、これまでに指摘されてきた秘密保護法の問題点を払拭しようという視点はまったくない。秘密保護法の根本的欠陥はいずれも残されたまま、これを経済安全保障の四分野だけでなく、ＡＩ、宇宙開発などの分野にも拡大しようとするものになっている。

## 戦前の国家総動員法とその秘密保護規定

ここで、戦前期の秘密保護法制の歴史をみてみる。

一八九九年七月、軍事秘密保全のための単独法として「軍機保護法」（以下、「旧軍機保護法」という）が制定された。この「旧軍機保護法」は全体が八条しかない簡単な法律であるが、①軍事秘密を探知収集した者を重懲役に処する、②職務上軍事秘密を知得領有し秘密であることを知って他人に漏洩などしたときは有期徒刑、③偶然に軍事秘密を知った者が秘密であることを知りながら他人に漏洩などしたときは軽懲役、④軍港や要港、防衛施設（防禦営造物）などを許可をとらずに測量・撮影などしたり立ち入ったりすることを禁ずることを骨子とした。対象とされる軍事上の秘密事項の範囲も明確ではなく、その手段も網羅的で、相手方も限定されていない、きわめて問題の多い規定であった。

一九三七年に「改正軍機保護法」が帝国議会に提案された際の説明によれば、法律ができてからの四〇年間に立件されたのは五件だけ、それも好奇心や功名心から秘密を漏らしたようなケースばかりで、国防上深刻なケースは一件も報告されていなかった。

戦前の日本には「軍機保護法」以外にも多くの秘密保護のための法制度があった。一九〇七年に制定された刑法には、「外患に関する罪」として九条が定められていた。八五条は間諜（スパイ）、軍事上の機密を敵国に漏らした者は死刑・無期もしくは五年以上の懲役とされた。

その他にも、「要塞地帯法」（一八九九年）、「軍港・要港に関する件」（一八九〇年）、「防禦海面令」（一九〇四年、日露戦争直前に緊急勅令で制定）、「軍用電信法」（一八九四年、日清戦争時に緊急勅令で制定）などの軍事情報に関する秘密保護法制が戦争のたびごとに追加されていった。

公務員の守秘義務については、戦後の「国家公務員法」には漏洩処罰（懲役一年）の制度が定められている。一八八七年に制定された官吏服務規律には守秘義務が課され、違反に対しては懲戒処分が可能であったが、刑事罰は規定されていなかった。したがって、明治期における秘密保護法制は軍事情報に限定されたものであった。

一九三六年に提案された「総動員秘密保護法」は廃案となったが、同様の内容は、一九三八年に制定された「国家総動員法」の中に規定された。

国家総動員法はナチスの「授権法」にならって、戦争のためのあらゆる資源の動員を政令によって遂行できることとした法律であるが、忘れてはならないことは、この法の中に秘密保護条項が含まれていたことである。そしてこの法の構造が、現在の経済安保法と経済秘密保護法とに酷似していることを指摘しておきたい。

国家総動員法の二〇条には出版に関する規定が置かれ、内閣総理大臣は国策遂行に重大な支障の生ずる事項について記事の掲載を制限・禁止する権限が与えられた。

四四条には、総動員業務に関する官庁の機密の漏洩、窃用に関する処罰規定が置かれた。総動員業務にあたる者の場合は二年以下の懲役または罰金、公務員の場合は五年以下の懲役または罰金と定められた。総動員業務にあたる民間人、たとえば隣組の役員等にも処罰範囲が拡大されているところに特徴がある。

また、四五条では、公務員が総動員に関する職務の執行に関して知り得た法人または人の業務上の秘密を漏洩、窃用する行為を罰することを定め、さらに同法によって設立された統制法人の役員や使用者にも同様の罰則を定めた。興味深いことに、現在の経済秘密保護法の用意している罰則のレベルは、国家総動員法中の秘密漏洩処罰と比較しても、厳罰化していることが指摘できる。

## 戦争遂行法としての国家総動員法

戦争には国の持つ資源のすべてをこれに投ずる総動員体制が必要である。戦時体制の総仕上げの意味合いをもった法律が国家総動員法であった。

先述したように、国家総動員法は一九三八年に制定された。日中戦争が本格化するさなか、資源調達など総力戦を遂行するための統制を目的として、労働争議の制限や新聞・出版の制限まで含む、戦争遂行のための総合的な法律であった。この法律の特徴として、施行の詳細をすべて勅令に委任している点があげられる。こうした立法形式においても、一三八カ所が政令に委任されている二〇二二年制定の経済安保法と酷似している。

一九二七年に設置された内閣資源局は、戦争に備えて資源の統制・運用を準備する機関であった。一九二九年には総動員計画設定処務要項が閣議決定される。一九三五年には内閣調査会、一九三六年には情報委員会が設置される。一九三七年には企画庁と内閣資源局が統合され、企画院が発足する。政府機関に治安維持法が適用された企画院事件の舞台となったことで知られるが、この企画院こそが、電力国家管理・国家総動員政策などの総合的な国策を企画する官庁だったのである。

一九三七年の盧溝橋事件を契機とする日中戦争が長期化すると、企画院を中心とする軍官僚・経済官僚グループによって、国家総動員法は準備された。この法案に対して、経済界や政友会・民政党などの政党は「勅令への委任範囲が広すぎて違憲の疑いが強い」「内容が社会主義的だ」などとして反対していた。これを積極的に支持したのは社会大衆党と近衛首相を支持するグループである。しかし、最終的には近衛首相の議会解散と新党結成の脅しの前に政党も賛成に転じ、一九三八年三月には法案が可決成立したのである。この経過の中で、陸軍省軍務局軍務課国内班長佐藤賢了陸軍中佐が国会議員に対して「黙れ」と怒鳴りつける事件が発生している。

衆議院の国家総動員法委員会では民政党出身の小川郷太郎が委員長をつとめ、本会議で審議経過報告を行なっているが、近衛首相の発言を引用し、この法案はナチスのような授権立法や独裁主義のイデオロギーによるものではないと説明している。また、議会審議では、法の適用の要件である「戦争に準ずべき事変」が、進行中の「支那事変」(日中戦争) に適用されるのかという点が問題となった。政府は「適用しない」と明確に答弁したが、法案が成立すると手のひらを返したように適用したのである。政府の議会軽視と公然たる虚偽答弁がまかり通るようになっていた点は、安倍政権以降の現在の国会によく似ている。

こうした複雑な歴史を見るとき、現在の経済安保法に対して、野党を含む多くの政党や経済団体が明確な反対の姿勢を示すことができなかったことの異常さを感じざるをえない。

## 国家総動員法は経済の全体を覆った

国家総動員法は、次の六つの広範な分野を規律するものであった。

①労働問題一般……国民の産業への徴用、総動員業務への服務協力、雇用・解雇・賃金等の労働条件、労働争議の予防あるいは解消
②物資統制……物資の生産、配給、使用、消費、所持、移動
③金融・資本統制……会社の合併・分割、資本政策一般(増減資・配当)、社債募集、企業経理、金融機関の余資運用
④カルテル……協定の締結、産業団体・同業組合の結成、組合への強制加入
⑤価格一般……商品価格、運賃、賃貸料、保険料率
⑥言論出版……新聞・出版物の掲載制限

物資動員計画では、重要物資は軍需、官需、輸出需要、民需に区別されたが、軍需が優先され、民需は最低限まで切り詰められた。たとえば、鉄鋼、銅、亜鉛、鉛、ゴム、羊毛などの民需使用は禁止されたのである。

一方、経済安保法の主要インフラ規定は、当初一四分野に適用されるとされていたが、二〇二四年の通常国会には、早くも港湾を一五番目の業務に指定するための改正法案が、経済秘密保護法案と同時に提案された。今後、食糧やエネルギー分野に次々に拡大されていく可能性が十分ある。

経済安保法は自己増殖を始め、戦前の国家総動員法のような制度へと発展していきかねない。そのことを否定しきれない法の構造を持っているといわなければならない。

## 戦争国家への転落をいかにくい止めるか

日本の現在の最大の課題は、どのように中国との対立の深まりを防ぎ、米中対立の中での戦争の危機をいかに避けるか、という点にある。この焦眉の課題について私論を述べてみたい。

日中は再び戦わないことを誓う「不再戦の碑」が日本中にある。日中友好協会など、日中の友好関係の確立を願う人々が日本中に建てたものである。

一九七二年に田中角栄首相が訪中し、日中共同宣言を発した。一九七八年には日中平和友好条約がむすばれ、日中の間に友好ブームがわきおこった。日本企業はこぞって中国に生産拠点を移した。当時、日本の都市と中国の都市で姉妹都市として提携することもブームとなった。この当時の中国の指導者、とりわけ侵略を指導した為政者と民衆の責任を峻別し、戦争の被害者でもある日本の民衆の負担を慮って日本への戦時賠償の放棄を主導した周恩来氏の精神を忘れてはならない。当時、よもや現在のような緊張関係が生じるようなことは誰も予想しなかっただろう。現在の日中間の緊張関係はなぜ生まれたのか。中国との緊張関係があたかも当然の前提であるかのような議論が横行しているが、経過を深く考えてみる必要があるのではないか。

中国側にさまざまな問題、とりわけ政治的自由などをめぐる看過できない問題があることは疑いようがない。だが、だからといって対立関係が強まるままにしてよいことにはならない。

二〇二二年一一月に中国全土でゼロコロナ政策に対して抗議のデモが起きた。きっかけはウイグル自治区のウルムチ市で一〇人が死亡したビル火災であった。これがきっかけとなり、厳格なコロナ対策、しかもウイグルの人々への差別的な政策に抗議して、二六日夜に上海市で「白紙運動」が始まった。翌二七日には市民の抗議運動は北京など各地に飛び火し、拡大を恐れた習近平政権は一二月七日には市民に課していた厳しい行動制限を一気に解除した。

中国の市民は白紙を掲げて抗議の意を示した。こうした市民の活動をみるとき、中国の市民の間に表現の自由を希求するエネルギーがあること、厳しい政策に抗議する意志と、亡くなった少数民族の人々への連帯の気持ちのあることが痛感される。中国の市民も、自らの政治的意志を政府から独立した形で示すことがあるのだ。

日本政府が中国との対立関係を前提に、中国を「仮想敵国」として行動することは、中国国内の平和を求める市民の願いとも逆行するものであろう。かつてブームとなった日中友好の気運は去ったにしても、わざわざ対立や、まして戦争を求める市民など中国側でもきわめて少数であるはずだ。日本政府は、中国の平和を求める世論の支持を得られる言動に努めるべきだ。

ロシアでも、ウクライナとの戦争が起きた直後にロシア国内で戦争に反対する動きが表面化した。表現の自由、政治的自由が奪われ、メディアが厳しく統制される中で、戦争に反対する声は抑圧されてはいるが、それが存在することは誰も否定できない。戦争を抑止する最大の安全保障は、各国市民の平和を求める世論を高めることにほかならない。

現在の日本政府は、米国との軍事一体化と軍拡を進め、経済安保法や経済秘密保護法などによって市民の自由を抑圧しつつ、中国との対立を煽りたてる姿勢を強めている。

その先に、何があるのか。いま日本では、「安全保障」政策を進めることで安全が失われ、戦争の危機を深めるというパラドクスが起きているのである。経済戦争に備え、敵基地攻撃能力を整備することが、むしろ戦争の危機を招き寄せている。その愚かさを日本の政治家も市民も自覚するべきだ。

日本と中国は、一九七八年の日中平和友好条約の原点に立ち戻り、平和で安定的な状況をいかに再構築するか、胸襟を開いて話し合う状況をつくらなければいけない。

現在は、そうした方向とは正反対に向かっている。信頼にもとづく対話や交流が失われる中で、経済安保法や敵基地攻撃能力の保有などの政策は「防御的なもの」だと認識し、それへの中国側の反発こそ「攻撃的なもの」と認識する議論が多い。

そうした議論がマスメディアや政治の中で普遍化しているもと、私のもっとも恐れていることは、中国政府による対抗的な政策が、日本の一部の好戦的な政治家や「専門家」などの利用するところとなって、中国非難の大合唱が起こされ、戦争前夜へと突き進んでいくことだ。

## 発言を続ける覚悟

そうしたプロセスはすでに進みつつある。中国との対話を訴え、戦争体制に異を唱える人間がネット上で攻撃対象にされることは、もはや普通の光景だ。それによって一人が発言をやめれば、さらに多くの市民が発言や活動をやめるだろう。すでに発言を続ける覚悟が求められる局面となっている。

中国との戦争は絶対に避けなければいけない。戦争への準備を相互に停止し、そこに注いでいる膨大なエネルギーと資源を、平和や生活、環境のために用いるべきだ。中国であれ日本であれ、アメリカや東南アジアでも、多くの市民がそうした方向に進むことを求めているはずだ。

日本維新の会の松沢成文氏は二〇二三年一一月九日の参院外交防衛委員会で、対外諜報機関の設置とともにスパイ行為を処罰する「スパイ防止法」を制定すべきだと主張した。上川陽子外相は慎重な考えを示したとされるが、この松沢氏のような考え方こそが私たちの市民生活から自由を奪い、戦争の危機をもたらすのだ。

経済安保は、すでに市民生活に影響を及ぼしつつある。それがどのようなものか、それを象徴的に示すのが大川原化工機事件である。本稿の最後にふれておく。

二〇二三年一二月二七日、東京地裁において、大川原化工機株式会社の関係者が原告となった国家賠償訴訟で、原告側に全面勝訴の判決が言い渡された。

この事件は、化学機械メーカーの大川原化工機が、軍事転用可能な装置を中国や韓国に不正に輸出したとして外為法違反に問われ、関係者に厳しい尋問などが行なわれたというものである。第一回公判期日の直前に検察が起訴を取り消すという異例の展開となっていた。

東京地裁の判決では、同社の噴霧乾燥機の輸出について経済産業省は当初は立件に否定的であったが、警視庁公安部が経産省の省令の解釈を立件する方向でねじまげていたこと、経産省を説得するために専門家の供述調書として本人が話していない内容を記載したものが作成されていたことなど、強引な捜査の実態が断罪された。さらに、二〇二三年六月の証人尋問では、捜査にあたった現職の警視庁の警部補が、「事件は捏造である」とまで証言していた。判決では、捜査そのものが違法であり、検察官の起訴までが違法とされた。

経済秘密保護法がどのような運用がなされていくか、どのような社会をもたらしていくものなのか、この事件はよく示している。

第3章

# 日本の経済安全保障政策と米国の対中国軍事・経済戦

坂本雅子

## はじめに

日本の「経済安全保障」政策は、日本が独自に打ち出したものではない。それは、米国の「経済安全保障」政策に追随したものである。

その米国の経済安全保障政策は、米国経済から中国を徹底排除しようというもので、現代の資本主義にとって不可思議かつルール違反といえるものだ。

ではなぜ米国はこのような政策に打って出たのか。それは米国がいま、軍事面と経済面が一体となった中国排除政策、対中国戦までも想定した新しい世界戦略に転換したからである。日本は軍事面でも、経済面でもこうした米国の政策に世界でいち早く、かつ完璧に即応しつつあるのだ。

本論では、第1節で「経済安全保障」政策の中核となる「経済安全保障推進法」のあいまいさや問題点を考察し、第2節で同法制定の背後に米国で開始された中国排除の「経済安全保障」政策があることをみる。第3節では日本政府が、そうした米国の政策にいかに追随しているかを明らかにする。

第4節では、米国が中国排除の「経済安全保障」政策を開始したのは、軍事面での戦略の大転換――中国を主敵に据え、対中国戦を想定した戦略への転換があること、そこでは日本を対中国戦の最前線に立たせることが前提になっていることをみる。米国の新しい世界戦略にとっては、日本を軍事・経済両面から米国の反中国策と一体化させることが不可欠なのだ。

第5節では、新たに設置された「経済版2＋2」という日米の四閣僚による組織で、米国と日本の「経済安全保障」戦略における異次元の一体化が始まったことを明らかにする。それはもはや、日本の経済政策に日本政府すら不要になるほど異次元のものであること、そして第1節で述べた「経済安全保障推進法」の「あいまいさ」の真の意味もあきらかにする。

# 第1節 「経済安全保障推進法」とは

## 1．ブラックボックス・経済安全保障推進法

二〇二二年五月に成立した経済安全保障推進法の正式名称は、「経済施策を一体的に講ずることによる安全保障の確保の推進に関する法律」という長いものである。この法律は単なる経済成長戦略や国内の技術・生産の保護・発展策、あるいはパンデミック・自然災害に備えるためのものではない。

その名のとおり経済施策を軍事的な安全保障と一体で行なうための法律なのである。つまり軍事面での安全保障と一体で経済施策を考え、軍事面での安全保障と同じく「外敵」――日本を襲う外国から日本経済を防御しようというのだ。

とはいえ同法はきわめて難解である。安全保障の基本である、仮想敵がどこの国で、その敵から日本の何を守るためのものかということが、完全に伏せられているからだ。経済面での「何」を、

どんな「敵」から守るための法律かという基本点が隠されたまま、ただ国内企業と国民に対する違反時の処罰だけが明示されている法律なのである。

経済安全保障推進法は四つの柱で構成される。同法の内容を簡単にまとめたのが表1である。

①「特定重要物資の安定供給確保」とは、国が「特定重要物資」と指定するものを国内で生産することを援助する。そのかわりに「国家及び国民の安全を損なう」恐れのある「外部」(＝国外)の事業者から、「特定重要物資」を調達(輸入)したり、そうした国や事業者に依存してはならないというもの。そのために政府(行政機関を含む)が日本企業に調達(輸入・購入)先や供給網(仕入れ網)を報告させる。もし日本企業がその報告を拒んだら罰則を科すというものである。ただし罰則だけは法案の国会提出直前に「努力義務」に変更された。

大問題は、排除すべき事業者とはどこの国のどの企業かが法律内に明記されていないことである。しかも「特定重要物資」とは何かも明記されていない。どんな物資を、どこの国の、どんな企業から調達(輸入)してはならないのか、まったく伏せられたままで成立した法律なのだ。

②「基幹インフラの安全確保」は、指定された一四業種(電気、ガス、石油、水道、鉄道、貨物自動車運送、外航貨物、航空、空港、電気通信、放送、郵便、金融、クレジットカード)の日本企業が、重要な設備を導入する場合、安全保障上の脅威となる国・企業の設備・システムを設置したり、設備・システムの管理・運営をそうした業者に委託してはならないというものである。重要設備・システムを設置したり、維持管理を委託する場合には、その相手業者を政府が事前審査をする。審査を拒む企業の当該責任者には懲役刑まで科す。ただし、どこの国の、何という企業

表１　経済安全保障推進法の四項目・概要

| 項目 | 施行 | 罰則 |
|---|---|---|
| (1) **重要物資の安定的な供給の確保**<br>重要物資を指定し，その生産・供給を支援．一方で国家と国民の安全を外部から損なう事業者からの調達や依存を防ぐ | 公布後９カ月以内 | 調達先や保管状況を報告しない<br>⇒罰則を削除し、努力義務に |
| (2) **基幹インフラの安全確保**<br>重要設備の導入や維持管理の委託等では，国家と国民の安全を外部から損なう外部事業者を排除する | 公布後１年６カ月〜１年９カ月以内 | 重要設備の非開示・虚偽報告<br>⇒２年以下の懲役か<br>100 万円以下の罰金 |
| (3) **先端的重要技術の開発支援**<br>個別プロジェクトごとに官民協議会を設置し，機微情報には守秘義務を課す | 公布後９カ月以内 | 国の機密情報を漏らす<br>⇒１年以下の懲役か<br>50 万円以下の罰金 |
| (4) **安全保障上機微な発明の特許は非公開にする** | 公布後２年以内 | 特許の内容を漏らす<br>⇒２年以下の懲役か<br>100 万円以下の罰金 |

(出典)内閣府ウェブサイト・経済安全保障推進法（「経済安全保障推進法の概要」、同条文、その他より作成）

のどんな設備・製品を導入したり、どんな企業に維持管理を任せたりしてはいけないのか、これも法律内にはまったく示されていない。

③「先端的な重要技術の官民協力」では、先端技術の研究開発に国が集中投資し、研究開発を加速化する一方で、そうした分野では、テーマごとに「官民協力」、「官民伴走支援」の協議会や調査研究業務のためのシンクタンクを設置し、そこに携わる者には守秘義務を課す。違反すれば処罰して懲役刑まで科す。官民協力の名目で国が技術を秘密化し、官・民の研究者、技術者の研究・学問の自由を罰則付きで縛る。

④「特許の非公開」も、きわめて多岐にわたる特許を非公開にして、特許技術の囲い込みを図る。「安全保障上機微な発明の特許出願」は、「安全保障を損なわず

に」済むよう、「保全指定して公開を留保」するとともに、外国での特許の出願はさせない。国が非公開と決めたら有無をいわせない。違反者には懲役刑も科す。ただし出願希望者には本来得られるはずだった特許料収入を補償するとしている。「安全保障上機微な発明」との限定付きだが、現代の安全保障（＝軍事）技術は広範囲の先端技術、新兵器に連動しているため、その全体像は誰にもまだまったくわからない。それだけに、どんな発明にでも網をかけられる。

以上のように四つのすべての項目で、安全保障上の脅威となる国からの重要製品の輸入を徹底排除する一方で、脅威となる国に日本の技術が漏れぬよう先端的な技術・製品を囲い込む。そのために国民と企業に規制をかけ、脅威となる国を遮断した経済圏を築くことを企図し、企業、研究者、国民に有無をいわさず協力させるという法律なのだ。

同法は、肝心の対象が前記のように目隠しされているうえ、「ブラックボックス」化されている箇所が一三八カ所もある。つまり具体的なことは法律内に明示せず、今後、議会での審議が不要な政令などで必要に応じて定めるのだ。文章も格別に回りくどく文意が不明な箇所が多い。法律の施行日も、項目ごとに九カ月以内、二年以内などと先送りされている。

けっきょく、何が何だかわからぬままに、国会では大した議論もなく、二〇二二年五月に与党のみならず多数の野党も賛成して、あっという間に成立してしまった。

## 2．中国からの重要物資・インフラ設備の排除

同法成立後、半年以上たってから少しずつ具体的な対象などが定められた。たとえば二〇二二

年一二月には、①「特定重要物資の安定供給確保」の「特定重要物資」の品目が決定された。半導体、蓄電池、重要鉱物、航空機の部品、工作機械・産業用ロボット、永久磁石、天然ガス、クラウドプログラム、船舶の部品、抗菌性物質製剤、肥料の一一品目である。この一一品目がなぜ選ばれたのか。日本経済新聞は表2を掲げつつ、「中国依存からの脱却を狙う」ものだと報じた。

これらの物資の生産は、圧倒的に中国に集中している。また、表2にはない他の品目——たとえば「船舶部品」でも、日本の造船各社ができるだけ安く調達するために中国を中心に輸入に切り替えてきたという事情があり、やはり日本企業が大きく中国に依存しているものなのだ。「特定重要物資」は、この一一品目にとどまるわけではなく、状況に応じて柔軟に付け加えられていく。

表2

| 中国リスクを抱える主な物資 | |
|---|---|
| 半導体 | 台湾・韓国で大きなシェア。台湾有事で供給が途絶える可能性 |
| 蓄電池 | 中国企業が世界シェアを拡大。中国は鉱山開発の財政支援に積極的 |
| 永久磁石 | 中国が世界で唯一原材料採掘から製造まで可能。シェアの大半が中国 |
| レアアース | 6割を中国から輸入。中国は10年に対日輸出を禁止 |
| 抗菌薬 | 注射用抗菌薬の原料を中国に依存。19年には一時的に供給途絶 |
| 肥料 | 原料となるリン酸アンモニウムや尿素を中国に依存 |

(出所)『日本経済新聞』「安全保障の重要物資　脱中国依存、代替と備蓄両面で半導体や重要鉱物など11分野、供給網を多角化」(2022年12月20日)

②「基幹インフラの安全確保」の審査の指針は、やっと二〇二三年四月に閣議決定された。インフラ企業が重要設備を導入する場合は「設備の供給元や管理委託先」の国籍などを報告させるというもので、企業の

名称・設立国や、役員の国籍・氏名、一定割合以上の議決権保有者の国籍・名称・保有割合、外国との取引などを報告させる。現地法人として日本や外国で設立した場合も、「もとの国」が大事なのだ。

こうした国籍を報告させるのは、中国企業から導入したインフラの重要設備を通じて中国が日本のインフラにサイバー攻撃をしかけるから、それを未然に排除しておくためだとされる。つまりここでも「中国との関係」こそが問題なのだ。

なお、③**「先端的な重要技術の官民協力」**や④**「特許の非公開」**にかかわる問題は、第5節でふれる。

## 3・関係者は知っていた「仮想敵国」・中国

法律では伏せられていたとはいえ、関係者は同法の目的が中国からの重要物資・設備を日本経済から切り離そうとするものであることを、早くから承知していた。

たとえば日本経済界の中枢である日本経団連の十倉雅和会長は、同法が国会提出される直前の二〇二二年一月二四日の会見で、同法によって起きる中国との経済分断を深く憂慮して「中国との経済関係は維持したい。世界は中国なしではやっていけない」と述べた。

経済産業省幹部も、同法が国会に提出される前に「突き詰めれば多くのものを中国からの輸入に頼っている。国内でまかなうのは難しい」と語り、頭を抱えていた。中国からの重要物資の輸入を締め出すための法律であり、そのために設定された項目だと早くから認識していたことがわかる（『朝日新聞』東京朝刊「（時々刻々）経済安保、難しいかじ取り官邸内『ざる法では意味ない』」二〇二二年二月二日付）。

## 4・経済界のとまどい――「踏み絵は踏めない」

経済安全保障推進法について、日本経団連の中西宏明会長（当時）は、二〇二〇年一〇月の記者会見で「米国と中国の間で、さあどっちにするると踏み絵を踏まされても困る」（『日本経済新聞』・デジタル版「板挟みの経済界、米中デカップリングに苦悩」二〇二〇年一〇月九日。以下も『日本経済新聞』はデジタル版）として、同法に反対するとともに同法の本質をズバリ指摘した。この発言は、同法が国会に提出される一年半ほども前のことである。経済界は同法が世に問われるかなり前の計画・準備段階で同法のねらいを知っており、それに強く反対もしていたのだ。中西会長のいうとおり、この法律は米国側につくなら中国を排除しろという日本経済に突きつけられた、いわば「踏み絵」だったといえよう。

中西会長の心配は当然であった。日本にとって中国は、輸出、輸入ともに約四分の一を占める最大の貿易相手国で、たとえば二〇二二年では対中輸出は約一九兆円、輸入は約二五兆円に達する。中国には中小企業も含めて大量の日本企業が進出している。また日本企業・経済にとって、人口一四億の巨大市場は、自動車をはじめとして今後ますます重要・不可欠である。中国からの観光客がいかに日本の地方経済を潤しているかは、よく知られる。中国を「仮想敵国」として排除しつづければ、この先、日本経済が受けるダメージは年々深刻さを増し、その重大さを思い知らされることになるだろう。

では、そもそもなぜ日本政府は、こんな危うく、日本経済と企業には何のメリットもない法律を、内容・本質を完全に目隠ししたまま、大急ぎで制定し、日本経済を中国から切り離そうとするのか。それは同法が、日本の企業・経済界、国民の要求からではまったくなく、次節以下で述べるように、実は米国の政策にただひたすら追随しただけのものだったからである。

## 第2節　米国の中国排除の法整備と日本の追従

### 1．米国の「経済安全保障」の法整備

日本が「経済安全保障」の名目で制定した法律の源流となっていたのは、米国内から中国製品や中国からの投資を締め出そうとする米国の法律であった。それは国防権限法の八八九条、外国投資リスク審査近代化法、輸出管理改革法という三つの法律である。トランプ政権はこれらを二〇一九年度の「国防権限法」に盛り込むことで二〇一八年八月に三法を一気に成立させたのだ。「国防権限法」とは翌年の国防予算の大枠を決めるために議会が毎年通している法律である。では、それらはどんな法律か。

**国防権限法八八九条**は、「取引禁止先」として中国・五社を明記した。通信機器のファーウェイ、通信設備・通信端末のZTE（中興通訊）、監視カメラ等のハイクビジョン（杭州海康威視数字技術）、

監視カメラ等のダーファ・テクノロジー（浙江大華技術）、特定用途無線のハイテラ（海能達通信）である。実際の運用は一年後の二〇一九年八月に同法にもとづいた第一弾の規制を開始し、政府調達で五社の利用を禁止した。

第二弾の規制は二〇年八月に開始。今度は五社（とその関連企業）の製品を使う企業が、米国政府と取引することも禁じた。米政府と取引のある企業は三九万社に上るとされ、それら企業は毎年、政府に五社の製品・サービスを使っていないことを報告・証明しなければならなくなった。

その数日後、ポンペオ国務長官は、すべての米国企業と国民に対しても「クリーンなネットワークを拡大」せよと、中国企業の製品・サービスの排除を訴えた。アプリ、クラウドサービス、海底ケーブル、通信キャリア等の分野で、先述の五社だけでなくすべての中国企業を排除せよと呼びかけたのだ（この時点ではむろん法的には強制できないものだが）。米・アップル社や米・グーグル社などにも、中国製アプリ「TikTok（ティックトック）」や「微信（ウィーチャット）」（中国・テンセントが提供する対話アプリ）の配信サービスの削除を求めた。同長官はその理由を、中国製を使えばそこから情報を抜きとられ中国共産党に利用されるためだとし、「米国人の個人情報にとって深刻な脅威」だからという荒唐無稽な理由をつけた（『日本経済新聞』「中国企業、アプリ・クラウドで存在感　米が排除指針」二〇二〇年八月六日付）。

しかし本当の理由は、世界の情報関連分野で圧倒的な強さを誇る中国企業を、有無をいわさず米国から締め出すためである。ファーウェイは5G（第五世代の移動通信システム。通信速度は4Gの二〇倍）の世界「標準必須特許」の保有数は世界でダントツであり、中国三社の携帯

表３

| 米国が輸出・投資規制を強める<br>先端 14 分野 |
|---|
| AI |
| バイオテクノロジー |
| 測位技術 |
| マイクロプロセッサー |
| 先進コンピューティング |
| データ分析 |
| 量子コンピューティング |
| 輸送関連技術 |
| 3D プリンター |
| ロボティクス |
| 脳とコンピューターの接続 |
| 極超音速 |
| 先端材料 |
| 先進セキュリティー技術 |

（出所）『日本経済新聞』「米の技術流出規制一段と」（2019 年 1 月 11 日）

電話契約件数は一六億件を超えていた。二〇一六～二〇年にできる世界の海底ケーブルのうち、中国通信三社が出資するケーブルは一三万八〇〇〇キロメートル（二〇一八年一〇月時点）と三分の一近くに迫る（米調査会社・テレジオグラフィー調査）という中国の強さがある。次世代を担うこれらの産業分野で、米国をしのぐ中国企業を、米国と世界から孤立させて締め出す作戦の開始であった。

**外国投資リスク審査近代化法**は、外国企業による対米投資を厳しく審査するものである。たとえ支配権は握れない少額投資（Non-Controlling Investments）であっても重要技術・個人データにアクセスできる投資や、空港や港湾、軍事施設が近接する不動産の取引も審査の対象となり得る。インフラに関わる投資も審査対象にする。これも中国企業の対米投資を主なターゲットにする。

たとえば同法を根拠に、トランプ政権は「米国民の個人情報が中国に流出する危険性」を主張し、米国内事業の「ＴｉｋＴｏｋ」の停止か売却を要求した。「ＴｉｋＴｏｋ」は中国企業バイトダンスの動画アプリで、一〇〇カ国、八億人以上が利用する。バイトダンスは同分野では群を抜く世界最大企業である（なお、二〇〇四年三月に「外国の敵対者がコントロールするアプリから米国人を保護する法律」として「ＴｉｋＴｏｋ」を米国に売却するか、さもなくば利用禁止という法律が米下院で圧倒的多数で可決した）。

**輸出管理改革法**は、輸出規制を「新興技術」、「基盤技術」にまで拡大する。その対象として米商務省は表3のような一四の先端分野を例示した。この分野は外国投資リスク審査近代化法の投資規制の対象にも適用される。従来の輸出規制のようにテロ支援国などへの武器・軍事転用の可能性のあるものに限らず、幅広い先端技術分野の製品を対象にし、特に対中輸出はできなくなる。

## 2・日本企業も米国の法律に巻き込む

三つの法律が成立すると同時に、日本企業も巻き込まれた。たとえば国防権限法八八九条では、米政府に納入したければ、企業の国籍がどうであれ、中国五社の利用を排除せよとしている。このため日本企業八〇〇社以上も、自動的に対象になってしまった。一例をあげれば、ＮＴＴは「ＮＴＴデータ」の子会社が米政府と取引があるため、世界中で当該五社製品を他社品に変更したといった具合である（『日本経済新聞』「米政府、中国五社製品使う企業の取引排除」二〇二〇年七月一六日付）。

輸出管理改革法でも、米国由来の製品や技術が一定の割合で含まれる場合は、指定された中国企業との取引ができない「再輸出規制」の対象になる。違反した場合は米国企業との取引が禁止される可能性もある。米国の法は、日本企業の輸出品にまで及ばないはずだが、米国は「再輸出」の名目で強引に押し付ける。

また、二〇二〇年八月六日（日本時間八月七日、ポンペオ国務長官が「クリーンネットワーク」を米国民に呼びかけた翌日）には、通信関連の日本企業六社（NTT、KDDI、ソフトバンク、楽天、NEC、富士通）をテレビ会議で呼び出し、5Gの「ネットワークから」中国五社を「排除」しろと要求。同時に「日本政府に対して、ファーウェイやZTEを使わないというコミットメントを出すよう説得」せよとまで言った。これは日本という国だけに的を絞ったものである（『ダイヤモンド・オンライン』「（企業直撃 新・地政学リスク＃1）二〇二〇年九月二八日）。

## 3・バイデン政権の戦略――脱中国のサプライチェーン

バイデン政権は、トランプ政権が決めた前記三つの法律を引き継いだだけでなく、きわめて厳格な実施規則なども決めた。たとえば二〇二二年九月には、米国への投資規制を強化するために「外国投資リスク審査近代化法」で重点的に審査し規制すべき対象を決めた。それは①重要製品の国内サプライチェーンに影響を及ぼす分野、②米国の技術的リーダーシップへの影響を及ぼす分野（マイクロエレクトロニクス、人工知能（AI）、バイオ技術、量子コンピューティング、先端クリーンエネルギー、気候適応技術等々）、③サイバーセキュリティー上のリスクをもたらす分野、④他の投資との関連で安全保障に影響を与え得る投資、⑤米国人の機微なデータに関連する分野という広範な対象に網をかけるものである（JETRO「二〇一八年以降、重点分野が明確化　米国対内投資審査の動向」二〇二三年一〇月二日）。米国が「技術的リーダーシップ」を握りたい分野はむろん、結局どんな分野に対する投資も、とくに中国からの投資は「審査」し阻止することを可能にしたのだ。この規制は対米投資だけでなく輸出入規制にも影響を与えることになるだろう。

こうした政策の一方で、バイデン政権は「気候変動対策」を新たな成長分野として掲げ、グローバル化で衰退した米国内産業の復興を図る戦略も打ち出した。そこには「脱中国・反中国」で生じた生産品の空白を埋めるとともに、脱中国のサプライチェーンを米国中心に再編しようとする意図もある。その核となるのが「インフレ抑制法」と「CHIPS法」という二つの法律だ。

インフレ抑制法は、もとは二〇二一年六月に米上院で可決した「米技術革新・競争法案（＝米国イノベーション・競争法案）」を出発点とするが、民主党と共和党の勢力が拮抗する中で上・下院での成立に手間取り、ようやく二〇二二年八月になってインフレ抑制法の名前で、規模、内容も変更されて成立したものである。「インフレ」の名前がついているものの同法の中心は「脱炭素」、「気候変動対策」の分野で米国内生産を支援するものである。同法ではとくに電気自動車（EV）や再生可能エネルギー開発に対して優遇税制と補助金を合わせて三六九〇億ドル（約五三兆円）という巨額の助成をする。目玉は電気自動車への援助策で、新車一台につき七五〇〇ドル（約一一〇万円）を購入者に還元する。ただし適用される電気自動車は、最終組み立ての工場を北米域内に置く企業の自動車でなくてはならず、中国車は対象外になる。

実は電気自動車の生産、販売では中国が世界一で、たとえば二〇二二年の販売台数は五九〇万台と世界の約六〇%を占める。一方、米国は一〇%にすぎない。一社としての販売台数でも二〇二三年上半期には、それまで一位だった米国・テスラを中国・BYDが約一・五倍の大差をつけて抜いた。だからバイデン政権はこの分野での生産を米国内に呼び込む。

電気自動車の中核である電池も北米での製造や組み立てが義務づけられ、電池用部品も米国内製造率五〇％以上を条件とする。これも電気自動車用の電池で世界最大のシェアを持つ中国のメーカーを徹底排除するためである。その上、電池の材料もコバルト、リチウム、ニッケル、黒鉛などの重要鉱物は中国が主要生産国であるため、米国が自由貿易協定（ＦＴＡ）を結んでいる相手国で採掘、加工したものでなければ適用しない。中国を原料面からも徹底排除するのだ。

結局この法律では、電気自動車と電池の工場は外国企業も含めて米国内に建てなければならないことになる。つまりバイデン政権は、中国排除と同時に過去四〇年以上のグローバル化と生産の海外移転で空洞化してしまった米国内に、次世代を担う分野で製造業を呼び込むのだ（なお中国は、二〇二四年三月二六日に「インフレ抑制法」での電気自動車などの推進策は公正な競争を阻害しているとして、世界貿易機関（ＷＴＯ）に提訴した）。

インフレ抑制法と同時に成立したもう一つの法律、ＣＨＩＰＳ法は総額約二八〇〇億ドルを支出する法律で、特に半導体産業への五二七億ドルの資金援助を核とする。国際情報通信技術セキュリティやサプライチェーン活動にも五億ドル支出する。半導体製造のための設備投資に二五％の投資減税も実施し、米国内での半導体工場の建設を補助金と減税の両面で援助する。特に台湾の半導体企業を米国に呼び込み、米国を中核としたサプライチェーンとして再編するのだ。

米国の世界での半導体の生産シェアは低く、二〇二〇年では一二％で、台湾（二二％）、韓国（二一％）、日本（一五％）、中国（一五％）より低い。最先端の半導体では特に、九二％を台湾企業に頼っている。これからのＩＴ化の進展で必要不可欠な半導体の生産を国内に確保し、その分野で圧倒的な存在である台湾企業を、今までの中国との相互補完関係から手を切らせて、自国中心に囲い込むのだ。

## 4・日本や「有志国」を巻き込むバイデン政権

バイデン米政権はこうした戦略を自国だけでなく、日本や「同盟国」、「有志国」を巻き込んで行なおうとしている。同政権が二〇二一年六月に出した戦略物資のサプライチェーン見直しのための報告書では「米国の産業基盤が空洞化した」ことを認めつつ、「米国単独では脆弱性に対処できない」として、「クアッドやG7など同盟国との多国間外交を強化すべきだ」と強調した。クワッドとは日本、米国、オーストラリア、インド四カ国による安全保障や経済を協議する枠組みだが、これら四カ国やG7を米国中心のサプライチェーン強化に動員する(『日本経済新聞』「米戦略物資、クアッドで安定調達　半導体など中国対抗」二〇二一年六月八日)。

また同報告書では、政策の核となる半導体で「日本や韓国との最近の成功を生かす」とも記した。ここでの日本との「最近の成功」とは、四月の菅・バイデン首脳会談で半導体を含む製品の供給網強化で合意したことを指す。実際にこの合意にもとづいて日本は、二〇二一年一一月に熊本に台湾企業TSMCの工場誘致を発表した。日本は誘致にあたって約四〇〇〇億円の援助を約束したが、同社への援助はその後も続き二〇二四年二月には第二工場増設のため七三二〇億円の追加援助を発表。この時点で第一工場と合わせて一兆二〇八〇億円の補助金を約束した。

かつて日本の半導体製造は世界生産の約五〇%を占めるほどであったが、これを叩くために米国は、一九八六年からの日米協議で〝外国製半導体を輸入して日本国内市場で外国品のシェアを二〇%にまでせよ〟とか、製造・販売コストを米政府に毎年報告せよなどという無法な要求を突き付け、日本政府はそれを受け入れた。企業もまた、TSMCのような台湾の半導体企業に技術もろとも生産を丸投げする安易な道に走り、結局、日本の半導体製造は凋落していった。今になって日本政府はまた、米国の政策・要求に追従し、今度は台湾企業誘致のために一兆円を超す税金を注ぎ込む。

このような増産への協力だけでなく米国は、中国の半導体製造能力を弱めるため、日本とオランダに対して半導体製造装置（半導体を製造する機械。日本はこの分野ではまだ強く、世界生産の約三割を占める）のうち先端半導体が作れるものを中国に輸出するなと要求した。日本はそれを受け入れ、二〇二三年七月に対中輸出だけを輸出許可制にした。中国の半導体製造装置の輸入では、日本製品が三割を占め、第一位の輸入元となっており、米国はここを締め上げる。バイデン政権は自国本位の反中国策に他国、とくに日本を動員し、日本は先頭でそれに従う。

## 第3節　経済安全保障政策での日本の対米追随

### 1・日本でも開始された経済安保の諸施策

米国の外国投資リスク審査近代化法に呼応するように、日本でも外国資本による対日投資が厳格化された。二〇二〇年六月には改正外為法が施行され、武器、航空機、宇宙関連、原子力関連等の一二業種を「コア業種指定企業」として指定し、その他業種でも国の安全等を損なうおそれがある場合は「非コア業種指定企業」としての規制が適用されることになった。

二〇二三年三月になると追加対象として塩化カリウムなどの肥料、工作機械・産業用ロボット、蓄電池、金属鉱産物、金属3Dプリンター、永久磁石、製造装置などの半導体関連、天然ガス、船舶部品の九物資が指定され、経済安全保障推進法で「特定重要物資」に指定する一一物資すべてをコア業種の対象にした（なお二〇一九年一一月の外為法改正では外国人が安保上重要な企業の株式を取得する際の事前届け出基準を、持ち株比率で一〇%以上から一%以上に厳格化した）。

経済安全保障推進法に関しては、二〇二一年一〇月に成立した岸田内閣で経済安全保障担当大臣を新設。翌月には、経済安全保障法の制定に向けて「経済安全保障推進会議」の初会合を開くとともに「経済安全保障法制準備室」を置いた。

岸田首相は、二〇二二年一月の岸田・バイデン日米首脳会談で「経済安全保障について緊密な連携を確認」した後、法案を国会に提出し、二〇二二年五月に経済安全保障推進法を成立させた。同法の「特定重要物資の安定供給確保」と「基幹インフラの安全確保」は、米国の国防権限法八八九条に連動して制定されたものである。米国の法律では、当初、政府と取引する企業だけに課し、違反すれば政府との取引停止という形で開始したが、日本の法律では最初から広範囲の企業に中国製の「重要物資」の排除を課した。

同法の「特定重要物資の安定供給確保」の項目はもともと「安定供給確保」の意味も持ち、バイデン政権のインフレ抑制法やCHIPS法での中国を排除した供給網形成に対応できるものでもある。日本はTSMCを熊本に誘致したことは前述したが、これは「特定重要物資」に含まれる半導体の「安定供給」を米国と補完し合う。

## 2．日米首脳会談で米国の経済安全保障政策との一体化を宣言

日本政府はなぜ、米国の経済安全保障政策に世界でもいち早く即応するのか。その根本には日米安保体制下での長年にわたる米国政府と日本の政権との間のいびつな関係があるのだが、ここでは、日米首脳会談の共同声明に的を絞って、どんな合意によって米国の中国排除政策に追随するレールが敷かれたのかをみておこう。

### ■経済安全保障推進政策での連携を表明した菅・バイデン日米首脳会談

菅首相とバイデン大統領の二〇二一年四月の首脳会談の共同声明は、日米関係が新段階に入ったことを宣言するものであった。声明前半の軍事面の宣言では、第4節で詳述するように日・米が初めて中国への非難・敵対を共有するとともに中国を念頭に置いた日本の軍事強化も宣言した。

声明後半の経済面での宣言では、「二一世紀にふさわしい新たな形の協力が必要」だとして、「日米競争力・強靭性（コア）パートナーシップ」を立ち上げることで一致した。また今後の成長分野である「デジタル経済及び新興技術」で、日米が「競争力を強化するために連携」するとともに、「信頼に足る事業者に依拠することの重要性」でも一致した。この「信頼に足る事業者に依拠する」とは中国の事業者を排除することを意味し、日本はここで中国の5G関連業者の排除に共同歩調

をとることに合意したのである。

同時に「半導体を含む機微なサプライチェーンについても連携する」と、バイデン政権が進める「サプライチェーンの脱中国」を日本が補完することも約束した。

同会談では「日米競争力・強靭性（コア）パートナーシップ」の共同宣言が別途出され、そこでは先端的な分野での研究・技術開発協力が合意された。また5Gを含むネットワークや先端的デジタル分野への投資を通じて「デジタル分野における競争力を強化する」ため「米国は二五億ドルを、日本は二〇億ドルを投」じることや、「共通の脅威に対抗するための」「サイバーセキュリティ能力」を構築すること、そして「第三国における日米協力を基礎とし」た「グローバル・デジタル連結性パートナーシップ」を立ち上げることなどが宣言された。これらは第5節で述べるように、技術開発を日米一体の経済安全保障の枠組みのもとで行なうとともに、それを「第三国」も巻き込み遂行することを宣言するものでもあった。

## ■経済安全保障で新次元の日米共同を表明した岸田・バイデン首脳会談

二〇二二年一月には、前年一一月に首相に就任したばかりの岸田首相とバイデン大統領の首脳会談（電話会談、共同声明は出されず）が行なわれた。ここでは「両首脳は、経済安全保障について緊密な連携を確認」したと、初めて「経済安全保障」の文言が入った。この日米首脳電話会談の一カ月後に、岸田内閣は経済安全保障推進法案を国会に提出したのだ。

同会談ではもう一つ、経済面での重大な合意がなされた。それは「閣僚レベルの日米経済政策協議委員会（経済版「2＋2」）の立ち上げに合意」したことである。この「経済版2＋2」とは、日米の四大臣（日本側＝外務大臣、経済産業大臣、米国側＝国務長官、商務長官）が会合し、日米の経済協力のあらゆるテーマについて、国会や国民的議論に先行して協議するものである。

そして一年後の二〇二三年一月一三日に行なわれた岸田・バイデン日米首脳会談の共同声明では、この「経済版2＋2」での協議について、「我々は、日米経済政策協議委員会（経済版「2＋2」）等を通じ、半導体等重要・新興技術の保護及び育成を含む経済安全保障、新たな二国間での宇宙枠組協定を含む宇宙」、そして「原子力エネルギー協力を深化させたクリーン・エネルギー及びエネルギー安全保障に関し、日米両国の優位性を一層確保していく」とした。

すなわち、経済の重要分野にとどまらず、軍事と一体となった軍民共用の先端分野や、脱炭素と一体化させた原子力分野その他で、日米間の共同研究・開発を進めていくことを宣言したのである。この「経済版2＋2」が、いかに異次元の日米一体化を強行し、日本を米国の安全保障政策に一体化させるものであるかについては第5節で述べる。

## 第4節　反中国の米国軍事戦略と日本

米国はなぜ、述べてきたような中国排除、反中国策を強行するのか。本節では、まず、1．で米国が中国を敵視するに至った理由を、中国の経済成長と他国への影響力の拡大という面から明らかにする。2．では米国が軍事面においても中国を標的とする戦略に転換したこと、そして米国の構想する対中国戦の構想では日本が最前線で戦うことを前提にしていることを明らかにする。

米国にとっては、軍事面でこそ日本が米国と一体で中国と対決することが必須なのである。3.では、米国が対中戦を想定するのは「台湾有事」への介入を理由とするが、それは具体的に何を意味するのかを歴史も含めてみる。4.では、こうした米国の軍事面での戦略に日本は、首脳間の共同声明ですでに合意していることを明らかにする。

## 1. 中国の経済と技術の急成長

米国はなぜ中国を経済面、そして本節で述べる軍事面で標的にするのか。それは米国にとって中国が量的、質的に成長しすぎた国、近い将来に米国の覇権を脅かすまでに成長した国になったからである。二〇〇〇年代に入って中国は、米国主導の投資と貿易の自由化――すなわち「グローバル化」の波にのって、多くの国からの投資を受け入れ、「ものづくり大国」として急成長した。**中国のGDPは、**二〇〇〇年には米国の一二%だったが、二〇一〇年には米国の四〇%に、二〇二〇年には七一%にまで成長した。さらにその翌年、二〇二一年には七六%にまでなった。

日本との比較では、二〇〇八年には日本より少なかった中国のGDPは、二〇二〇年には日本の三倍になっている。中国のGDPは、いまやロシアの一〇倍になり、米国にとっては、ロシアとは桁違いの脅威、米国の覇権を脅かす現実的な脅威となった。

**世界各国に対する中国の影響力**も拡大した。たとえば中国の掲げる一帯一路構想は、中国が資金や建設面で各国にインフラ建設を援助し、巨大経済圏を形成しようという構想だが、参加国は二〇一九年三月時点で一二三カ国に及ぶ。一帯一路は海底ケーブルの敷設や5Gの基地局建設など情報通信網整備とも一体となった構想であり、その世界的な影響力は米国をはるかに超える。

**中国の急成長を牽引したのが輸出の激増だ。**中国の輸出額は、二〇〇〇年の二四九三億ドルから二〇二一年には三兆三六四〇億ドルと一三倍以上に急増した。その額は、米国の二倍、日本の四・五倍になった。

**特に情報・電気機器**は、中国の輸出全体の三割近くを占めつづけている分野で、中でも「オフィス機器・コンピュータ」や「テレビ・電話・通信機器」といった分野では、世界の輸出額全体の三七～三八%、香港からの輸出も入れると四六～四七%を占める（二〇二〇年）。

また中国とASEANや台湾等との部品のやり取りをする行程間分業も進んだ。中国を中核とした中間財貿易がアジア域内で急増し、アジア全体に経済の急成長をもたらしたのだ。

ただし「集積回路・半導体」の輸出では中国だけが突出しているわけではなく、図1のように香港、台湾、韓国やシンガポール、マレーシアといったASEAN各国も大きな輸出国であり、世界の集積回路・半導体輸出の八割以上がアジアの国から輸出されている。特に台湾は先端半導体で世界の先頭を走っている。

集積回路・半導体は現代のモノづくりには不可欠で、情報・電気機器だけでなく自動車生産にとっても必須である。現在の自動車の製造コストの四割を半導体が占めるともいわれる。

**先端技術**でも中国は、米国の先を行こうとしている。たとえば日本経済新聞社が、先端産業一〇分野での特許出願件数を米・日・中に分けて、分野別に二〇二〇年に集計したものがある（図2）。二〇〇三年には、日本が一〇分野中六分野で一位を占めていたが、二〇一三年以降一位はゼロになった。二〇一七年には中国が九分野で一位を占め、圧倒的な強さを見せた。米国は二〇〇四年には六分野で一位だったが、二〇一七年には一分野（量子コンピュータ）だけになった。

図１　半導体輸出国・地域別輸出額推移
（2020 年現在の上位 8 つの国・地域）

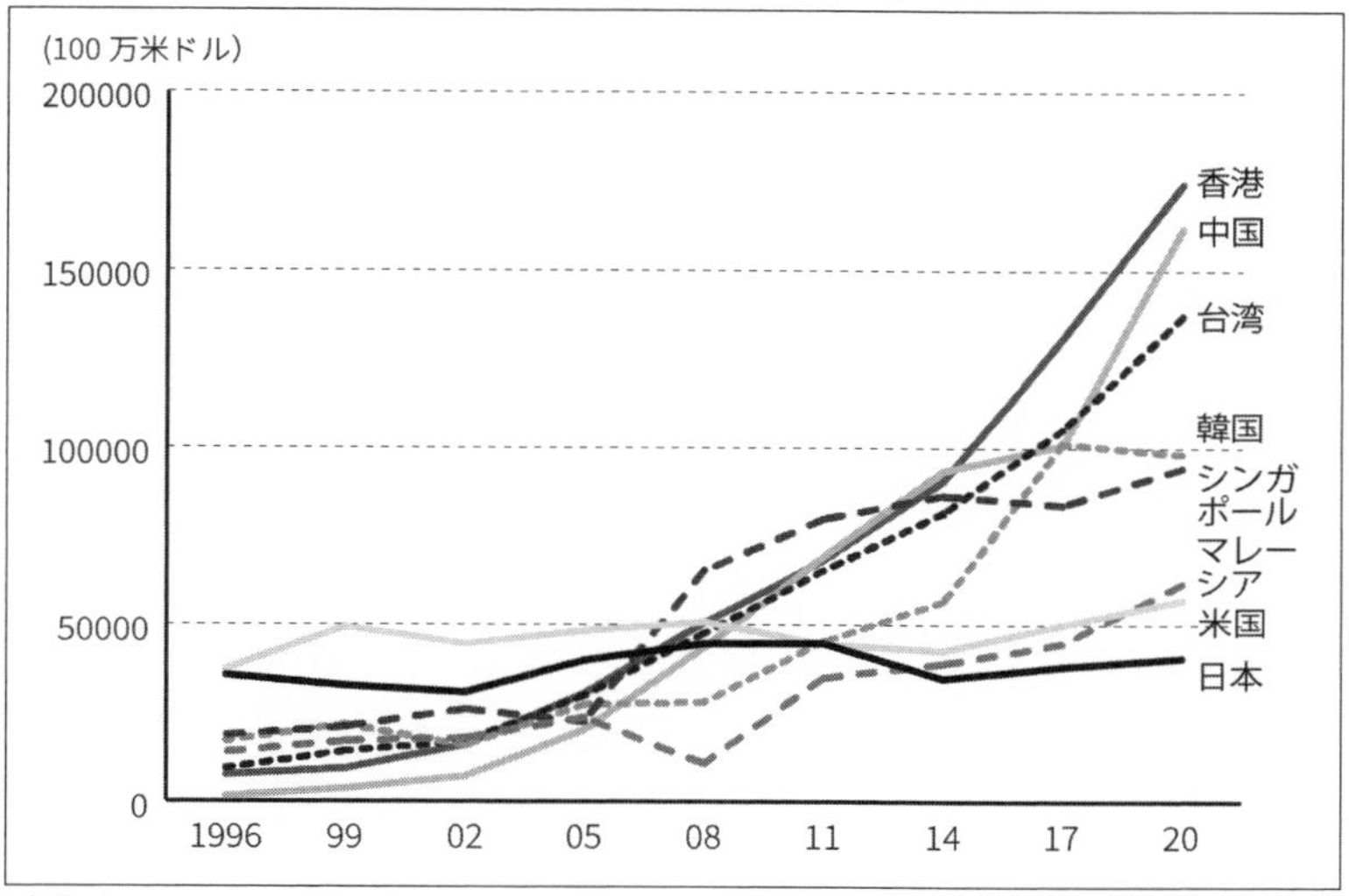


（出所）グローバルノート　貿易・国際収支データ（UNCTAD データに依拠）より作成

同集計は二〇一七年あるいは二〇一八年までであり、また特許出願件数がそのまま技術力の順位ともいえないが、異次元ともいえる中国の成長ぶりはうかがえる。

量子暗号・量子通信の分野でも、中国が出願件数を激増させている。量子科学全体の特許数でみても、一九九〇～二〇二〇年の累計で中国は六一七六件中三〇七四件と世界の特許獲得数全体の半分を占め、米国は一五五七件、日本は七五〇件で、日米で束になってもかなわない。

AIの特許出願件数も中国は激増させている（図3）。AI技術は、スマートフォン、ネット通販、自動運転、医療、物流、教育など、あらゆるところで新たな領域を切り開いており、産業成長の核心となりつつある。

図２

日米中の特許出願件数順位

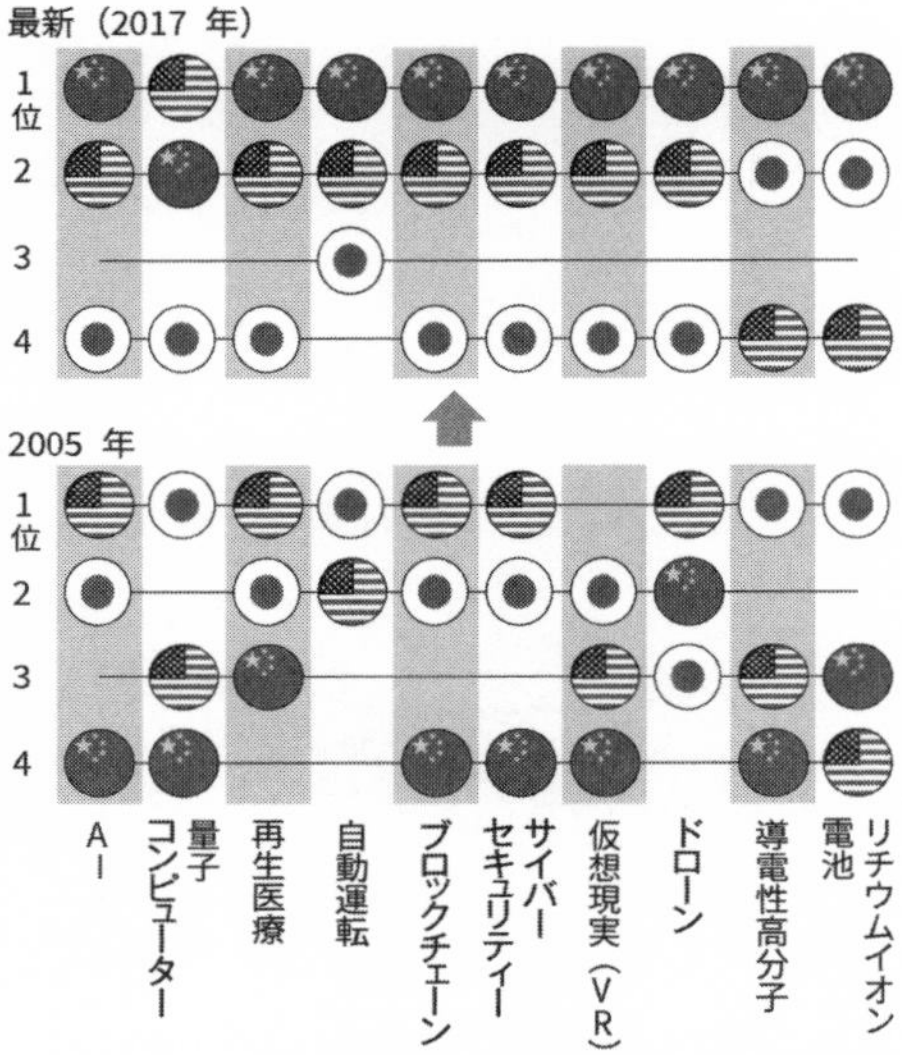


（出所）『日本経済新聞』「量子計算『グーグル超えろ』先端特許、世界の頭脳競う特許ウォーズ (1)」(2020 年 2 月 13 日）

先端技術は、次世代の軍事技術とも一体である。戦争は宇宙領域にまで拡大し、衛星網からの通信を媒介に敵の動きをキャッチして自走するミサイルで攻撃し合う「未来戦争」になっている。これから開発する新しい技術が今後の兵器、そして軍事的勝敗を決めるのだ。

米国にとって中国は、グローバル化の「いいとこどり」で「成長しすぎた」国であり、軍事、経済、技術、他国への影響力すべてにおいて米国の世界覇権を脅かす国になってしまったのだ。

## 2・米国の対中国戦の戦略と日本に期待する役割

米国は中国を標的にする軍事戦略を本格的に開始した。この中国敵視策は長期的で計画的、かつ徐々に始まったものであり、詳細は割愛するが二〇一〇年代初めには本格化した。二〇一四年になると**「四年ごとの国防方針見直し」**で中国への対決姿勢を鮮明に出し、「二〇二〇年までには、米海軍戦力の六〇％」を「太平洋地域に駐留」させるとし、米海軍のアジア回帰を進め、中国の軍事的包囲を開始した。

また、軍事・経済面が一体化した先端技術での戦略においても、二〇一四年に米国防総省が「防衛革新イニシアティブ」において**「第三次オフセット（相殺）戦略」**の開始を宣言した。同戦略は先端技術開発とそれを軍事技術に利用することで「戦略的競争者」（中国、ロシア）の優位性を相殺（オフセット）して米国の優位を回復し、〝来るべき数十年に備え米国の優位性を保つ〟ためのものであった。

図３

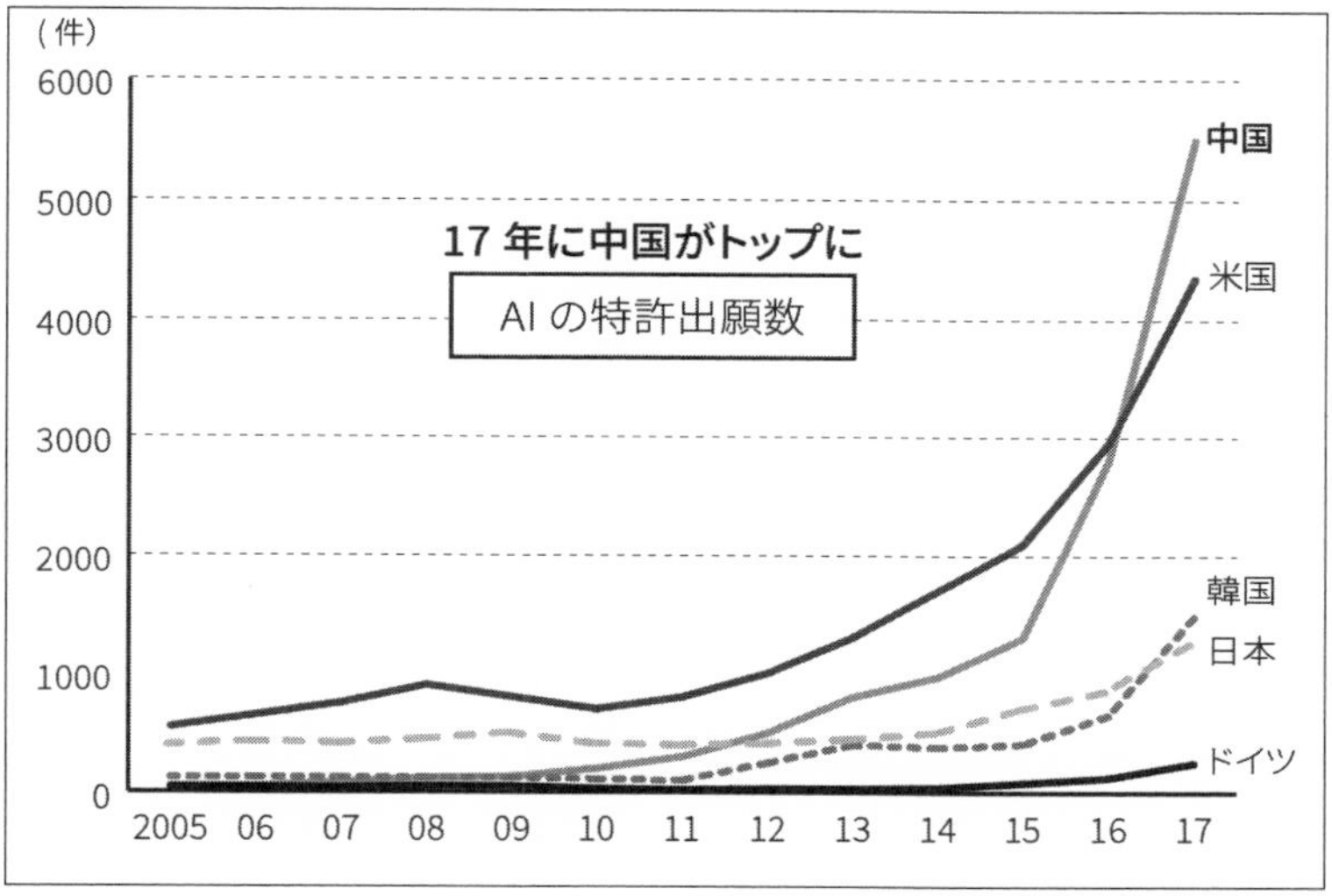


(出所)『日本経済新聞』「AI特許、中国『BAT』急伸　質でGAFAが圧倒特許ウォーズ(2)」(2020年2月13日)

これまで述べてきたように、中国はすでに先端技術の分野でも米国を急激に追い上げている。現代の戦争は、宇宙・サイバー空間での先端技術のたたかいであり、米国は軍事技術においても中国を引き離すべく、ＡＩやロボット技術、量子コンピュータをはじめとする最先端技術・システムの開発と一体となった軍事技術開発に本腰を入れて乗り出したのだ。

そしてトランプ政権になると、**「国家防衛戦**

略二〇一八」で中国への軍事的対抗を前面に押し出し、「米国の国防がもっとも重視しなければならないのは『対テロ戦争』ではなく『大国間の戦略的競争』だ」とし、その相手に中国を名指しした。

バイデン米政権が二〇二一年三月に出した「国家安全保障戦略の暫定指針」でも、中国を「経済、外交、軍事、技術力を複合させ、安定した開放的な国際秩序に絶えず挑戦する唯一の競争相手」と定義し、対抗姿勢を鮮明に打ち出した。

「インド太平洋における米国の戦略的枠組み」（二〇一八年二月に米大統領が承認、その後の米国のインド太平洋戦略の指針になったといわれる文書）では、米国のインド太平洋地域での目標は米国が覇権を握りつづけること、つまり「戦略的優位の維持」だと宣言し、中国があらたな「勢力圏を確立するのを防ぐ」と、赤裸々に明記した。

ここでは米中間の戦争勃発も想定しており、その際の作戦として、第一列島線内で、中国の海と空の支配（制海・制空権）を拒否し、台湾を含む第一列島線に位置する国を守り、第一列島線外のすべての領域で支配力を維持するとしている。「第一列島線」とは中国が軍事作戦上で設定しているライン（図4）で、もし敵が侵攻してきた時には何としてもここで食い止めるとしているもので、米国もこのラインを主戦場と決めている。

この「第一列島線」に沿っているのが、鹿児島南端から沖縄、宮古、石垣、尖閣へと続く日本の南西諸島である。米国はこの第一列島線上に、米国と日本による中国軍の阻止ラインを作る作戦を立てている。つまり米中戦が実際に起きた時には日本も参戦し、南西諸島で中核となって中国軍と戦うことが、米国にとっては必要不可欠なのだ。

**「太平洋抑止イニシアティブ（PDI）・予算要望書」**（二〇二一年一月に成立）は、米インド太平洋軍の予算の要求額だけでなく戦力配備や作戦まで説明したものだが、そこでは第一列島線に沿った日本の南西諸島に、対中攻撃のミサイル網を配備することが明記されている。日本の島々から中国の艦船・基地に徹底的にミサイルを撃ち込むのだ。しかもそのミサイル配備は、「同盟国の地上配備兵器の参加」も前提にしている（「PDI・予算要望書」）。日本の鹿児島南端から沖縄、宮古、石垣、尖閣へと続く南西諸島に、中国大陸に向けた無数のミサイル網を築き、日本の自衛隊のミサイルとともに中国に向かって雨あられとミサイルを撃ち込む作戦だ。

図４

（注）米国防総省の資料などから作成

(出所)『日本経済新聞』「トランプ政権のインド太平洋戦略、台湾防衛など明記」(2021年1月13日)

**自衛隊はすでに南西諸島の島々に基地を新設してミサイル部隊を続々と配備している。**奄美、宮古、石垣には二〇一九年に陸上自衛隊の基地が開設され、二〇二〇年になるとそこに陸上自衛隊の地対艦ミサイル部隊、地対空ミサイル部隊が続々と配備された。石垣島では二〇一九年春から東京ドーム一〇個分の敷地に基地の建設を開始。地対艦・地対空ミサイル部隊も配備された。沖縄県うるま市の陸自勝連分屯地にも、二〇二三年度内に地対艦ミサイル部隊が配備されることになっており、二〇二四年三月には地上発射型の「12式地対艦誘導弾」が同分屯地に搬入された。同誘導弾（ミサイル）は、中国本土も射程に入るよう射程距離を当面は九〇〇キロ、将来的には一四〇〇キロに延ばす改良を、日本が今行なっているものである。結局、奄美、宮古、石垣、沖縄の四島にミサイル部隊が配備される。

馬毛島への基地建設も進行し、テレビ番組「報道特集」（二〇二四年二月三日放映）では、馬毛島の全島を覆うように建設された米軍空母艦載機の訓練滑走路や自衛隊の護衛艦用の埠頭、戦争を継続するための燃料庫など、まるで島全体が巨大な空母に変わり果ててしまったかのような光景を映し出していた。これが今の日本の南西諸島であり、対中戦に駆り出される日本の姿である。**米海兵隊と自衛隊が南西諸島からロケット砲で中国を攻撃する共同演習**も何度も繰り返されている。また日本近海での対中国戦を想定した英、仏などの欧州軍との共同演習もこの数年急増しており、南西諸島の一つを中国軍に占拠されたと仮定しての奪還訓練まで行なわれている。

米国は、中国を制してインド太平洋で覇権を握りつづけるために、日本の南西諸島を主戦場にし、日本の自衛隊も最新鋭化させて対中戦の「柱」にするのだ。

## 3・「台湾有事」への介入から始まる「対中戦」

中国を主敵に据えたからといって米国は、米国と中国が太平洋を隔ててミサイル合戦を行ない、米本土を中国のミサイル攻撃にさらすような戦争は、まったく想定していない。戦場を中国周辺、中国沿岸とそれに隣接する日本とその近海に限定する。そして対中戦の口実を、「台湾有事」への介入、すなわち中国が台湾統一のために台湾に攻め込む事態が起きた場合に、台湾の自由と民主主義を擁護するために介入するのだという。

## ■米国が煽る「台湾有事」

台湾問題は米・中にとってどんな意味を持つのか。米国は、一九七九年一月に中国と国交を樹立した時以来、「台湾は中国の一部である」との中国の主張を承認して、中国・台湾間の問題には関与せず、台湾を正式の国家とも認めず、米国が台湾と交流する場合もその関係は非公式のものという立場をとってきた。中国にとって台湾統一は「核心的利益」だと米国は熟知していたからである。

しかし一九七九年の国交正常化から四〇年を経て米国は、突然その姿勢を覆した。ここ数年、米国は台湾の位置づけを「国家」のように「格上げ」し、軍事面でも二〇一九年には新型のF16戦闘機六六機を台湾に輸出。二〇二一年末には世界最大の海軍演習・環太平洋合同演習（リムパック）に台湾海軍を招待する提案まで行ない、その後も武器輸出を拡大しつづけている。米国は近年、ことあるごとに「台湾有事」、すなわち中国が台湾に軍事侵攻する危機を持ち出すが、自らがその危機をあえて煽る。

そもそも中国本土と台湾が二分されたままである背景には米国の介入があった。

米国は、第二次大戦末期から中国大陸での中国共産党と国民党の内戦に介入し、国民党側を援助しつづけた。中国共産党による統一で、中国全土が「赤化」（共産化、社会主義化）してしまうのを防ぐためである。米国は、中華人民共和国の成立（一九四九年）以降も台湾に逃げた国民党政権を軍事支援しつづけ、中台間の戦争は断続的に続いた。中国共産党の側から言えば、「米国が長年にわたって統一を妨げてきた」のである。だから米中国交正常化のためには、米国が「台湾から手を引く」ことが中国側にとって必須であり、米国はそれを尊重し、台湾を「国家」として扱ってもこなかったのだ。

中国にとって台湾統一は、中国共産党と人民解放軍の存在意義をかけた建国以来七〇年以上の悲願である。台湾の側も多数の台湾企業が中国に進出し、中国政府の格別の援助も受けて、たとえば鴻海精密工業を典型とした世界トップクラスの巨大企業群として急成長し、台湾経済全体を急成長に導いてきたのだ。いま、そうした長年築いてきた関係が、大きく崩されつつある。

## 4・米国と一体化し対中戦に踏み出す日本政府

### ■菅・バイデン首脳会談共同声明の意味

二〇二一年四月の菅・バイデン日米首脳共同声明で米国は、中国がもし尖閣諸島を「侵略」すれば、米国は中国に対して核を使ってでも戦うと表明した。

すなわち、「(米国は）日米安全保障条約第五条が尖閣諸島に適用されることを再確認」し、「核を含むあらゆる種類の米国の能力を用い」て日本を「防衛」すると表明したのだ。この「日米安全保障条約第五条」とは、「日本国の施政の下にある領域における、いずれか一方に対する武力攻撃」が発生した場合は「共通の危険に対処する」というものである。

尖閣諸島とは、南西諸島の西端の無人の小島で、日・中双方が領有権を主張している。米国は、その尖閣諸島を中国から守るために、「核を含むあらゆる種類の米国の能力を用い」て中国と戦う、つまり米国は中国と全面戦争をするというのだ（全面戦争下でなければ核攻撃などありえない）。米国が中国と全面戦争するというのであれば、当然、日本自身も中国と全面戦争することになる。

尖閣諸島が日米安保条約の適用対象に入り、米国に守ってもらえると安心する日本人は多い。しかしそのうちのどれだけの日本人が、無人の小島が日本の領土だと主張するために、中国との全面戦争まで覚悟しているのだろうか。戦争が勃発した時、中国がミサイルを撃ち込むのは南西諸島や無人の離島だけではない。首都圏を含めた日本全土にミサイルが雨あられと撃ち込まれることになる。

いずれにせよ共同声明は、「日本（の尖閣諸島）を中国から守ってもらう」かわりに、日本が米国と共同して中国と正面から戦うことを宣言したものとなった。

実はバイデン氏は、米大統領選挙で当選を確実にした時点で（二〇二〇年一一月、大統領就任は翌年）、菅首相と電話会談し、「対中国政策の連携」について話し合う前提として安保条約五条が尖閣にも適用されると発言していた（「バイデン氏が安保条約五条に言及した意味　日米電話協議」『日本経済新聞』二〇二〇年一一月一二日付）。大統領に就任すらしていない段階での異例の早さである。バイデン氏にとって、米国の軍事・経済両面での反中国策に、日本を巻き込むことがいかに重要だったかがわかる。

共同声明では、「台湾海峡の平和と安定の重要性」も明記されたが、日米首脳の共同文書に「台湾」が記されるのは日中国交正常化前の一九六九年以来、五二年ぶりのことである。菅政権は、米国の「台湾有事」を口実とした対中戦に、ここでも大きく踏み込むことになった。むろん、中国が台湾に軍事侵攻してもよいということではまったくないが、中国の急所・台湾問題をあえて共同声明文に入れることで、米国は日本を対中国戦に否応なく介入させるのだ。

しかし日本は、一八九五年から五〇年間、台湾を植民地にしてきた国だ。もし日本が台湾有事を口実にした米中戦の一翼を担えば、中国は「日本帝国の再来」と日本を主敵に据え、中国国民もその政府に喝采を送るだろう。

## 第5節　「経済版2＋2」での底なしの米国との一体化

### 1・「2＋2」とは何か

第3節で述べた岸田・バイデン日米首脳会談で立ち上げに合意した「経済版2＋2」とはどのようなものか。わざわざ「経済版」と付されているのは、もともと「2＋2」と通称される組織があったからである。「経済版2＋2」をみる前に、まずもとの「2＋2」について、ごく簡単にふれておこう。

「2＋2」とは、正式には「日米安全保障協議委員会（SCC）」という、日米両国の外務と防衛担当の閣僚・四人が集まって、安全保障にかかわる問題を話し合う組織である。「経済版2＋2」は、その「経済版」を新設したということになる。

もともとの「2＋2」は、現行の日米安保条約が一九六〇年に発効した直後から開催され、日本はここで米国から軍事・防衛上の問題を有無をいわさず押しつけられてきた。日本側は「2＋2」でのまされた課題を、法整備その他で公式に国民に受容させてきたのだ。

たとえば二〇一五年九月に安倍内閣が、「平和安全法制」（安保法制）を国会で通過させて、「集団的自衛権」の行使を容認して他国との戦争に道を開いたが、この時も五カ月前の「2＋2」で、新しい「日米防衛協力のための指針」（ガイドライン、一九九七年以来はじめての改訂）が発表されており、これはすでに集団的自衛権行使の容認を前提としたものであった。つまり日米の四閣僚で日本の集団的自衛権をすでに認めてしまっており、その集団的自衛権行使を前提とした具体策が立案されていたということである。憲法にかかわる日本の進路の大問題を、国民に問う何カ月も前に、である。

つまり「2＋2」は、米国が日本にのませたい軍事上の課題を密室で押しつけ、既成事実を作ってしまう「裏わざ」、「裏ルート」となってきたのだ。

今度は「経済版2＋2」を新設し、経済面でも日本政府を密室操作し、日本を米国の政策に即応させ動員する体制を敷いたのだ。

岸田・バイデン日米首脳会談の「経済版2＋2を立ち上げ、包括的な日米経済協力を推進する」との宣言は、経済面での米国の戦略も、日・米の四大臣の密室協議で押しつけられる体制へと踏み出す宣言であった。

## 2・第二回「経済版2＋2」での日米の底なしの合意

「経済版2＋2」は、想像をはるかに超えて日米の政策を一体化させる場となりつつある。

第一回の「経済版2＋2」は、二〇二二年七月に開催され、第二回はそれから一年四カ月もたった二〇二三年一一月に、やっと開催された。一年四カ月もの間「開く必要がなかった」わけではなく、その間にきわめて精緻な「経済安全保障」に関する日米の行動計画が練られていたのだ。

第二回「経済版2＋2」で出された共同声明は、大きく二つの部分に分けられる。一つは前半部分の**「I・インド太平洋地域におけるルールに基づく経済秩序の強化」**、二つ目は後半の**「II・経済的強靭性の強化並びに重要・新興技術の育成及び保護」**である。

表4は、第二回の「経済版2＋2」での共同声明の内容をまとめたものである。あまりに多岐にわたる合意内容なので、表の形で整理した。前半のIと後半のIIに分け、項目は共同声明に振られた番号のままに①～⑯とした。それぞれの項目での合意内容を要約した。

IIの項目では、具体的内容を要約するだけでなく「関係機関等」の欄に、日本と米国のそれぞれ何という機関が共同研究・開発するのか、共同声明の中で記述された両国の機関名を書いた。また、**【 】**内には、共同声明には記載されていないが、日本の他の官庁のサイトで日米の合同組織を立ち上げて当該分野で共同研究や開発を宣言しているものも書き入れた。

共同声明前半の**「I・インド太平洋地域におけるルールに基づく経済秩序の強化」**は、米国の

| Ⅰ．インド太平洋地域におけるルールに基づく経済秩序の強化 | |
|---|---|
| 項目 | 内容 |
| ①インド太平洋地域への経済的関与 | **IPEF** を通じて地域経済協力を深化させる |
| ②非市場的政策及び慣行への対処 | **G7** 首脳声明に基づき，戦略的依存関係及び構造的な脆弱性を作り出し助長するために利用されている非市場的政策及び慣行に対処 |
| ③経済的威圧への対処 | **インド太平洋地域のパートナーへの関与を継続**するとともに重要鉱物に対する輸出規制批判 |
| ④科学的原則又は科学的証拠に基づかない貿易制限への対応 | 日本の**原発処理水放出に対する中国の輸出規制を日米で非難** |
| ⑤透明、強靭かつ持続可能なサプライチェーンの構築 | 戦略物資のサプライチェーン戦略策定 |
| ⑥質の高いインフラ、持続可能な投資の推進及び不透明な貸付慣行への対応 | G7 のグローバル・インフラ投資パートナーシップ（**PGII**）のもと，投資の促進のため，パートナー諸国との協力を継続 |
| ⑦個人データ保護とプライバシー | **日米商務・産業パートナーシップ（JUCIP）**を通じて CBPR（グローバル越境プライバシールール）フォーラムの拡大やグローバル処理者向けプライバシー認証（PRP）システムの確立及び促進にコミット |

| Ⅱ．経済的強靭性の強化並びに重要・新興技術の育成及び保護 | | |
|---|---|---|
| 項目 | 関係機関等 | 内容 |
| ⑧コンピューティング技術 | | |
| (a) 半導体 | 日・最先端半導体技術センター（LSTC）と米・国立半導体技術センター（NSTC） | 志を同じくするパートナー国間のサプライチェーンを強化すると共に，日本の **LSTC** と米国の **NSTC** との協力を加速し，共同プロジェクトも開始 |
| (b) 人工知能（AI） | 米・国立標準技術研究所（NIST）と日・情報処理推進機構 | 米国の NIST と日本の情報処理推進機構の協力で，ガバナンス枠組みの相互運用性を向上させ，リスクマネジメントのフレームワークに向けても協力 |
| (c) 量子科学情報技術 | 米・NIST と日・産業技術総合研究所 | 米国の NIST と日本の産業技術総合研究所間の協力を量子技術分野にも拡大．量子のサプライチェーンと実用的ユースケースの開発支援の協議も開始 |
| ⑨バイオテクノロジー | | 創薬及び革新的なバイオテクノロジー研究のための健全なエコシステムを両国間で構築 |
| ⑩クリーンエネルギー技術 | 【日米クリーンエネルギーパートナーシップ（JUCEP）＝米国国務省と経済産業省】 | 蓄電池のサプライチェーンを強化．ペロブスカイト太陽電池，浮体式洋上風力発電及び小型モジュール炉（SMR）を含む**革新原子炉等の革新的技術の推進**に取り組む．国際的な基準や評価方法の開発支援 |
| ⑪次世代通信技術 | その 1. デジタルエコノミーに関する日米対話<br>その 2. 日米グローバル・デジタル連結性パートナーシップ<br>その 3.【インターネットエコノミーに関する日米政策協力対話＝米国国務省・日本総務省】 | グローバル市場で Open RAN を用いた 5G ネットワークの採用をアジア太平洋で加速させるために連携．**デジタルエコノミーに関する日米対話**を通じて，**日米グローバル・デジタル連結性パートナーシップ**を引き続き推進．5G 市場における市場シェアの大幅拡大も目指す |
| ⑫重要鉱物 | 【鉱物資源安全保障パートナーシップ（MSP)】 | 重要鉱物サプライチェーンを強化し、投資を促進し、特定の国への依存を減らし、鉱物安全保障パートナーシップを通じた協力を継続 |
| ⑬エネルギー安全保障 | 日米エネルギー安全保障対話 | **原子力エネルギー及び民生用原子力エネルギーサプライチェーンの構築**に関する協力を深化させる．日米の国内や第三国における**革新炉の開発と展開を支援**．電力セクターの脱炭素化を加速．再生可能エネルギーの利用拡大支持．**日米エネルギー安全保障対話を歓迎** |
| ⑭食料安全保障 | 持続可能な農業に関する日米対話 | 小規模農業を持続可能なものにするための民間セクター・小規模生産者連携強化（ELPS）イニシアティブを称賛．また「**持続可能な農業に関する日米対話**」を設置 |
| ⑮サイバーセキュリティ | 日米サイバー対話、日・産業技術総合研究所と米・NIST<br>日・産業技術総合研究所サイバーフィジカルセキュリティ研究センター（CPSEC）と NIST | 米国主導の日本への**サイバーセキュリティ・ビジネス開発ミッション**の成功を称賛．「**日米サイバー対話**」でのサイバーセキュリティの脅威に関する情報共有促進．現在策定中の **IoT 製品のラベリング制度の相互運用性**を他のパートナーに働きかけ．**産業技術総合研究所と NIST の包括的研究協力に関する覚書**に基づき，暗号及びハードウェアセキュリティ技術に関する **CPSEC と NIST の研究協力**を強化 |
| ⑯輸出管理 | | マイクロ・エレクトロニクスや監視システムを含む重要・新興技術の流用を防ぐため，輸出管理に関する協力を引き続き強化 |

表４
(経済版２＋2)
第二回閣僚会合・
共同声明での
日米の協力分野と
合意事項

中国排除を大前提とした経済安全保障政策を、世界、とくに「インド太平洋地域」に押し広げるとともに、米国を中心にした重要物資のサプライチェーンを築くこと、日本はその先頭に立って資金その他の面でも貢献する、という内容である。

バイデン政権は米国の経済安全保障政策をできるだけ多くの国、とりわけアジア各国に共有させるとともに、アジアが世界の中枢となっている半導体やIT機器、そして重要鉱物などのサプライチェーンから中国を排除し、米国が核となったものに再編しようとしている。その先頭に、日本を立たせるのだ。

共同声明の「⑤透明、強靭かつ持続可能なサプライチェーンの構築」の項目はそれを端的に表しており、「①IPEF」（バイデン大統領が二〇二二年五月に立ち上げを宣言したアジア諸国を結集するための組織）や、「②G7」でも多くの国を結集しようとしている。

表の中の「②非市場的政策」とか「③経済的威圧」とかの文言は中国を象徴的に指すものであり、Iの項目すべてが「中国を排除した経済圏構築」に収斂する。「④科学的原則又は科学的証拠に基づかない貿易制限への対応」とは、日本の原発処理水放出に対する中国の輸入規制を日米で非難して、日本の言い分に添うことで日本国民を味方につける。

「⑤戦略物資のサプライチェーン戦略策定」やアジアの企業の誘致、「⑥質の高いインフラ、持続可能な投資の推進及び不透明な貸付慣行への対応」などは、中国がインフラなどへの投資・建設によって強い影響力を持つ国々に対して、日本がインフラその他の面で、資金面も含めた援助を行ない、中国の影響から切り離して米国陣営に立たせることを目指す。「質の高いインフラ」

という言い方は十数年前から、日本がアジアに建設するインフラを指す言葉として使用されてきたものだが、それは多額の援助と一体で中国がアジア各国でインフラを建設するとともに政治的影響力も拡大してきた政策に対抗する意味を持たせたものであった。

このⅠでの合意事項は、米国が経済安全保障政策を自国内だけでなくアジア全体に押し広げようとしていることと深く関連する。たとえばジェイク・サリバン大統領補佐官（バイデン政権の中心人物）の「米国の経済安全保障の基本戦略」という二〇二三年四月の演説では以下のように述べている。「（経済安全保障の）第一段階は米国内に新たな産業基盤を築くこと。これは半導体や電池などの重要物資を米国の国内で生産することを意味」し、第二段階は「パートナー国との協働」、第三段階は「国際経済パートナーシップを築く」こと。そして第四段階は「新興国への数兆ドル単位の投資」だとして、東南アジア諸国連合（ASEAN）の国々などが中国に傾斜するのを防ぐために、米国は「経済的な支援を惜しま」ず、「グローバルサウスの国々から、できるだけ多くの味方をつくり、米国の旗が立っている『島』の岩盤を固める」とした。（『日経大予測2024　これからの日本の論点』二〇二三年、三〇九〜三一〇頁）。共同声明の「Ⅰ．インド太平洋地域におけるルールに基づく経済秩序の強化」の項目は、まさにこの「第三段階」、「第四段階」を、日米が一体化して行なおうというものである。

共同声明の「Ⅱ．経済的強靱性の強化並びに重要・新興技術の育成及び保護」では、米国が今後の成長の核と位置づける重要・新興技術で、技術分野ごとに日米の共同組織を作り研究・開発する。同時にそこでは機密を徹底するというものである。だからまず、分野ごとに両政府の関係機関で協議組織を作ることに合意した。

先述のサリバン大統領補佐官の「米国の経済安全保障の基本戦略」では、「第四段階」につづけて「最終段階の戦略として、基盤技術の保護」と述べているが、このⅡの項目は、すべてこの「(米国の）基盤技術の保護」のためのものなのだ。

具体的にみると、「⑧コンピューティング技術」では、半導体、人工知能、量子科学情報技術の三分野に分け、半導体では、日本の最先端半導体技術センター（LSTC）と米国国立半導体技術センター（NSTC）が「協力加速」するとともにサプライチェーンを強化し、人工知能では、米国の国立標準技術研究所（NIST）と日本の情報処理推進機構が、量子科学情報技術では、米国は同じくNISTが、日本は産業技術総合研究所が共同で研究開発する。日本側のこれらの機関は、経済産業省が所轄する公的研究機関である。たとえばLSTCは、二〇二二年七月の第一回「経済版2＋2」で次世代半導体技術開発での日米共同研究開発に合意した際、その研究開発組織として設立が発表されたものである。

「⑩クリーンエネルギー技術」では、電気自動車用をはじめとする蓄電池のサプライチェーンを強化するとともに、米国が進める「小型モジュール炉（SMR）を含む革新原子炉等の革新的技術の推進」に、日本の経済産業省と米国国務省が取り組む。

⑪は「(日米が主導した）5Gネットワークの採用をアジア太平洋で加速させるために連携」するもので、総務省と米国国務省との連携を深化させる。

⑫は「重要鉱物サプライチェーンを強化し、投資を促進し、特定の国への依存を減らす」ため

の協力で、これはむしろ「I」に属する。

⑬は日米の「国内や第三国における革新炉（米国製「小型原子炉」）の開発と展開を支援する」。米国は「電力セクターの脱炭素化を加速」するとして「革新炉」なる小型原子炉を製造。日本国内だけでなく各国、特にアジアでの普及に日本を協力・支援させる。これも「I」の一環であろう。

米国はこれらの組織で、米国の戦略分野に日本を一体化させる。ただし、これら組織での共同研究や開発は、内容もその成果も自由にはできない。経済安全保障上の重要機密という口実のもと、きわめて厳格な米国の基準によって秘匿される。また、日本の経済や研究開発に対して、今後、どのような方向づけや規制がかけられていくことになるかも不明である。それは日本国内の経済的、学問的利害とはまったくかけ離れた形で、共同組織で打ち出されることにもなるだろう。

本稿第1節で、経済安全保障推進法が、きわめてあいまいで何一つ明確に定められていない「ブラックボックス」だらけの法律であると述べた。あのブラックボックスは、今後、この日米の共同組織で決めたどのようなことも、日本国内で自動的に（政令などの形で定めるとしても）適用できるようにするための「魔法の箱」でもあったのだ。

もはや経済安全保障推進法の制定時のように、いちいち国会にかけて法整備をする必要はなく、規制の対象になるものを、日本独自で指定したり法制化する必要も、そして権限もなくなる。いわば日本は、米国の「地方自治体」か「下部組織」のようになる。ブラックボックスは、米国の意図に即時対応可能なきわめて便利な「魔法の箱」になる。

ただし、たとえそうであったとしても日本企業には、米国との共同による技術開発で発展の道が開けていくだろうという期待を抱くかもしれないが、特許すら非公開にされる体制では日本企業独自の生産や発展とは無縁になるだろう。第1節でみたように、経済安全保障推進法の「③先端的な重要技術の官民協力」や、「④特許の非公開」では、機密を漏らせば、厳罰に処せられる。その上、これから導入されるであろうセキュリティ・クリアランス制度によって、機密漏洩はいっそう厳罰化される。

経済安全保障推進法は、米国が日本に仕掛けてきた「反中国」、「脱中国」の経済と軍事両面にわたる広範囲かつ強力な「しかけ」、「わな」の一つであった。しかし同時にそれは、日本国民と企業を無限、かつ柔軟に縛りつけることができる「魔法の箱」、「魔法の法律」になろうとしている。

もはや日本企業は、みずからの利益を自民党への献金やパーティー券を買うことで代弁させることすら無意味になるだろう。米国にとってはこのような日米共同組織や、「忠実で優秀」な日本の官僚が存在しさえすれば、自民党すら必要ではない。米国の戦略に反対しない党でさえあれば、もう、どこの党でもよいのだ。

## おわりに

かつての米国主導の「グローバル化」全盛時代には、日本は米国が毎年突きつけてきた「年次改革要望書」に応じ、あらゆる部門を外資に開放し国民の年金基金まで外資（特に米国投資ファンド）のほしいままの運用にゆだねる一方で、日本企業の海外移転を加速化させ、じりじりと日本経済を衰退させてきた。

今、米国はみずからが押し広げた「グローバル化」を米国本位に修正し、中国叩き・中国経済縮小への経済・軍事戦略を開始した。今度は、日本は米国への追従どころかその戦略の最前線に立たされつつある。しかしこの米国の戦略は、日本経済の成長につながらないどころか、幾多の日本国民の生命まで危険にさらす可能性が大きなものである。このまま米国に追従・一体化し米国の戦略のままに流されていってよいのだろうか。むろん、中国側に与しろということではまったくない。

「米国についていけば多少の難点はあっても大筋で間違いがない」時代は、もう終わったのだ。米国の今の政策は、WTOなどの現代資本主義の基本原則からも外れ、大きな紛争を引き起こす可能性だけでなく、世界規模の戦争すら引き起こしかねない危険性をはらんでいる。

日本は今こそ、自主的、自立的な道を国民と政府が強い決意で選択し、自国の経済と国民の命を守り、自立的な技術も発展させていく道を何としても探らねばならない歴史の大きな分岐点に立っているのではないだろうか。

第4章

# 経済安保・エネルギー安保・食料安保

## ——「安保」の名のもと戦争体制へ

天笠啓祐

## 安全保障の総合化

経済安全保障法が二〇二二年五月に可決成立・公布された。この経済安全保障という政策の登場により、戦争できる国づくりが、企業や大学だけでなく、徐々に人々の日常生活にまで広がり始めたといえる。言い換えると、軍事に加え、経済・エネルギー・食料安全保障体制が、全体で絡み合いながら進み始めたのである。「安全保障」とはいうまでもなく、国家を守るためのものであり、人々を守るものではない。現在、日本政府が唱えている経済・エネルギー・食料安保の基本は、戦争（軍備）のために必要な体制づくりだといえる。

その総合化した体制の要は、監視体制の強化である。いまその監視の目は、政府機関だけでなく、政府、大学、そして生活のすみずみまでその波を及ぼしつつある。

監視体制の強化が本格的に始まるのは、一九九九年八月一八日の盗聴（通信傍受）法施行からである。二〇〇一年一一月二日にはテロ対策特別措置法が施行され、二〇〇四年六月一八日には有事一〇案件が公布（国民保護法など七法案、三条約案件）されている。二〇一三年一二月六日には特定秘密保護法が成立し、二〇一五年九月一九日には安全保障関連法が可決され、二〇一五年一〇月一日にはマイナンバー制度がスタートした。

国民監視の総仕上げが、マイナンバー制度である。さらにその個人監視に関して二〇一七年五月三〇日には改正個人情報保護法が施行され、二〇一七年六月一五日には共謀罪が可決成立した。

二〇二一年一〇月二〇日にマイナ保険証の利用本格化が打ち出された。国民一人一人の監視に、この制度は極めて有効だが、市民の抵抗が強く、現状では実現困難な状態にある。

このように、次々と繰り出される監視体制の強化の中で、経済安全保障の分野における、国家安全保障の機密漏洩罪を拡大する「セキュリティ・クリアランス」制度は、きわめて重要な意味を持つといえる。これは安全保障上の国家機密の取り扱いを有資格者に認める制度で、飲酒や薬物乱用、犯罪歴などに関わる身辺調査と「評価」を行なったうえで資格を付与し、さらに、情報を漏洩した場合の厳罰を導入しようというものである。

岸田首相はこの制度の導入にあたって、特定秘密保護法と区別なく適用する考えを示してきた。これは特定の個人だけでなく、企業や、さらにはいまやベンチャー企業が続々と設立されている大学にまで監視の目が及ぶことになる。このようにセキュリティ・クリアランスは、特定秘密保護法を民間企業、研究者・技術者にまで拡大し、戦争できる国づくりを前進させようとしているのである。

なぜそのようになったのか。その背景には軍事技術のハイテク化・AI化がある。ロボットやドローンのような日常的な機器でも、そこにAIを搭載すれば、攻撃能力が強力化する兵器に転じる。まして、ABC兵器（核・化学・生物兵器）のような人類を破滅に導く危険性を持つ兵器をそこに搭載すれば、絶対的な軍事力となる。

いま技術は「デュアルユース」化しており、軍事と民生の区別がつきがたくなっている。そのためあらゆる分野が国家の機密保護の対象になり、ただでさえ得にくい企業内部からの情報が完全に閉ざされつつある。それは、軍事の分野だけでなく、汚染物質や欠陥商品などの多くの分野で、市民が企業の情報を知ることができなくなることを意味する。

## 経済安全保障の要となった半導体技術

政府は二〇二二年一二月、経済安全保障での特定重要物資分野を政令で指定した。その指定された中身を見ることで、経済安保の目指すところがよくわかる。その分野は、経産省が指定した半導体、クラウドプログラム、永久磁石、工作機械・産業用ロボット、航空機の部品、重要鉱物、蓄電池、天然ガス（LNG）、国交省が指定した船舶の部品、厚労省が指定した抗菌性物質製剤、農水省が指定した肥料である。

この中でもっとも重視されているのが、半導体である。いまやあらゆる機器の中に半導体が入り込んでおり、世界的規模で競争が起きている分野である。軍事技術も半導体がなければ成り立たなくなってきた。

その半導体をめぐり、国際的な軋轢が激化している。その要の位置にあるのが台湾海峡である。近年、米国から要人が繰り返し台湾を訪れている。二〇二〇年二月以降だけでも、アレックス・アザー厚生長官、ナンシー・ペロシ下院議長、アリゾナ州のケイティ・ホッブス知事など多数の要人が訪れている。二〇二四年に入っても一月には元国務副長官のジェームズ・スタインバーグと元大統領補佐官のスティーブン・ハドリーが訪れている。日本からも訪問は後を絶たず、昨年は麻生太郎自民党副総裁が訪れ、今年に入っても小池百合子都知事が訪れている。これら相次ぐ訪台の最大の目的は、台湾が持つ半導体技術にあるといっても過言ではない。

現在、半導体受託製造の世界最大手が台湾積体電路製造（ＴＳＭＣ）である。この企業がもつ回路線幅の微細化技術が、世界的にも政治的にも大きな動きをつくっている。半導体の受託製造は、ＡＩなどさまざまな電子機器の要になっており、軍事技術においてもまた同様である。そのため、米国はＴＳＭＣの大規模な工場の誘致を図ってきた。そしてアリゾナ州に建設することになり、建設が進められてきた。二〇二二年一二月六日に行なわれた生産設備搬入式典にはバイデン大統領が出席し、さらに第二工場の建設が発表された。同大統領はまた二〇二二年八月には半導体の生産や研究に巨額を投じる「ＣＨＩＰＳ科学法」に署名している。このＴＳＭＣのアリゾナ工場の建設費の総額は約四〇〇億ドル（五兆五〇〇〇億円）に達する。

二〇三〇年には世界の半導体市場は約一〇〇兆円の規模に成長すると見られているが、同時に、その市場を制することは軍事的優位性をもつことにもつながっていく。

日本においてもまた、熊本県でＴＳＭＣの大規模な工場の建設が進められている。台湾からの多数の移住者も含めて、地域の光景が一変する状況が起きている。この工場建設にあたっては日本政府がその約半額を負担している。第一工場の建設が終了する前に、第二工場の建設が発表された。日本企業もソニーグループやトヨタなど、日本を代表する企業がかかわっていく。

中国政府もまた、このＴＳＭＣの技術が欲しくてたまらない状態にある。中国政府は国家計画で半導体産業の育成と、世界トップクラスの技術力を目指してきた。いま一四次まできている「五カ年規画」（二〇二一～二五年）や「中国製造二〇二五」においても、半導体技術が国家の安全と発展の全局面にかかわる重要な分野のひとつと位置づけられている。そのため、たとえば微細化技術に取り組む企業には税を免除するなどの優遇措置をとってきている。

にもかかわらず、中国の半導体産業は、これまで輸入に依存していたこともあり、米国による対中半導体規制強化によって伸び悩んでいる。日本総研のデータによると、中国の半導体自給率は一六・七%（内資企業六・六%、外資企業一〇・一%）となっており、脆弱である。中国政府にとってもTSMCの技術は垂涎の的であり、経済安全保障の最大の役割を担っている半導体をめぐり、台湾海峡が大きく揺れ動いているのである。

## PFAS汚染源としての半導体工場

この半導体工場は、水を大量に消費する。TSMCが熊本に進出した最大の理由がその水にある。大量にきれいな水を利用できる熊本は、半導体工場建設に最適である。しかし、巨大な工場は膨大な量の水を必要とすることから、地域の農業や飲み水との競合が起き、農業破壊につながりかねないのである。さらに問題となるのが、半導体工場がもたらす環境汚染であり、とくに大きな問題になりかねないのが、飲み水や農作物へのPFAS汚染である。

PFASは、使用量が多いPFOS、PFOAといったフッ素の割合が高い有機フッ素化合物の総称である。OECDの報告書では、全部で四七三〇種類あることになっている。最も多く使われてきたのが、PFOS、PFOAという主に界面活性剤として用いられてきた化学物質であり、半導体工場でも洗浄剤として用いられている。

このPFASの大きな問題点は、ほとんど分解されないため、環境中にとどまりつづけ、めぐりめぐって人体を汚染しつづけることにある。しかもいったん人体に入るとなかなか排出されず、その半減期は約五年と考えられている。一〇年たっても四分の一になるだけで、簡単にはなくならない。そのため使用すればするほど、環境汚染は深刻化し、それはめぐりめぐって食品や水道水などを通して人体を汚染することになる。

このPFASによる環境汚染が問題になったのは、かなり以前からであるが、対応が始まったのは今世紀に入ってからである。世界的な化学メーカーである3M社がPFOSによる世界各地の野生生物への汚染を発表したのが二〇〇〇年で、同社は二〇〇二年にこの物質の製造を中止した。しかし、PFAS全体への規制は、なかなか進んでこなかった。

PFASがもたらす環境汚染、人体汚染で特に問題になっているのが、軍事基地などで洗剤や消火剤として利用されたり、半導体等の製造工程で使用されたりして、地下水など周囲の環境を汚染しつづけてきたことである。水汚染は、食品汚染も引き起こす。それはPFASが自然界でほとんど分解されないため、生物濃縮を起こしやすいからである。とくに多いのは生態系を通しての魚介類への蓄積である。次に多いのが飼料を通して蓄積しやすい家畜関係で、食品としては、乳・乳製品、肉・肉製品、卵・卵製品である。

毒性としては、特に深刻な影響が懸念されているのが、血清コレステロール値の増加による高脂血症（高コレステロール）や、動脈硬化、糖尿病、甲状腺機能低下、肥満、妊娠時高血圧などである。発がん性では、WHOの専門家機関であるIARC（国際がん研究機関）が発がん物質

（2B）にランクしているが、腎臓がん、精巣がんなど、さまざまながんとの関係が疑われている。腎臓や子宮・胎盤に蓄積しやすく、腎機能障害、尿酸値異常をもたらすとも指摘されている。子どもの発達障害やワクチン反応の低下も指摘されている。

現在、日本政府はPFASの中の、PFOS、PFOA、PFHxSの使用を禁止しているものの、その他のPFASは規制されておらず、TSMCの半導体製造工場でも、未規制のものが使用されると思われる。大規模な汚染源となり得る工場が、経済安全保障の要の半導体製造のために熊本につくられようとしているのである。

## 食料安全保障農政への転換

日本政府は経済安全保障での特定重要物資として抗菌性物質製剤と肥料を指定したが、なぜだろうか。

ここでいう抗菌薬というのはベータラクタム系抗菌剤のことで、この抗菌剤の代表にペニシリンがある。日本はこの原料をほぼ一〇〇％、中国に依存してきた。二〇一九年に中国の原材料工場が操業を停止した際には、日本の一部の病院で手術ができなくなってしまう事態が起きてしまった。手術ができなければ、傷ついた兵士を治療できないこととなり、戦争はできない。

農水省は「重要物資」として化学肥料を取り上げた。肥料というと、窒素、リン酸、カリが化学肥料の三要素になる。日本は窒素の原料である尿素の三七％を中国に依存しており、これが二〇二一年一〇月一五日からほぼ全面輸出禁止になり、日本に入ってこなくなってしまった。リン酸の原料であるリン酸アンモニウムも九〇％を中国に依存しており、それも全面輸出禁止になった。もう一つのカリの原料の塩化カリは二六％をロシアとベラルーシに依存しており、これらの国からの輸入も全面的に止まってしまった。その結果、肥料の価格が高騰して農業が大きなダメージを受けたのである。食料がなければ戦争ができないということで、重要物資の中に化学肥料が入ってきたのである。

農水省は、この化学肥料の問題を含め、食料安全保障を前面に掲げ始めた。

二〇二四年二月一三日、農水省は、食料・農業・農村基本法の改正法案をまとめ、自民党に示し、三月二六日には衆議院で審議入りした。

この法律は食料農業問題の基本法であり、その条文中で、これまでの「食料の安定供給の確保」という文言を「食料安全保障の確保」と変えるなど、食料安全保障を前面に掲げた。いうなれば「安保農政」への転換を示したものである。

この転換は、食料の自給率の向上ではなく、輸入を前提としていることが特徴である。新設された第二一条では、農産物の安定的な輸入の確保が述べられている。いってみれば食料自給率三八％という現実から出発せざるを得ないのである。以前は、いわゆる新自由主義にもとづいて、「安いところから買う」のが当然となっていた。安いところを追いかけていった結果、サプライチェーンが複雑化してしまった。たとえば、インドネシアで魚を養殖し、ベトナムで骨を抜き、中国で加工して、国内で弁当にする、といった事態になったのである。このようにサプライチェーンが複雑化すると、その過程のどこかで問題が発生してチェーンが途絶してしまう可能性が高くなるため、新たな対応が求められるようになった。それが、サプライチェーンに関わる国を「敵と味方」に区別する考え方への変更である。やはり海外依存が前提であり、食料は海外から買えばいいという考え方は継承されているが、その内容は大きく変更された。米国を基軸として、北南米、EU、オセアニアに食料輸入を依存する形で安定供給体制の樹立を目指すことが基本的な考え方になったと思われる。

この法改正が目指す最大の目的は、有事で輸入が止まった際に農作物の増産を農家などに命令できる制度づくりである。第一七条で「食料自給率の向上その他の食料安全保障の確保に関する事項の改善が図られるよう農業者その他の関係者が取り組むべき課題を明らかにして定める」と述べている。いま農水省は、有事の際に増産命令が出せる新法をつくるなど、新たな体制づくりを目指しているが、それを基本法に盛り込んだのである。

もう一つがハイテク化である。食料・農業・農村基本法の第三一条において「農産物の付加価値の向上及び創出を図る」ことや「高い品質を有する品種の導入の促進」、さらには「農産物を活用した新たな事業の創出の促進」「植物の新品種、家畜の遺伝資源などでの知的財産の保護及び活用の推進」などが打ち出されている。技術立国化である。その柱は他の分野と同じで、AI化、バイオテクノロジー化ということになるが、生物を対象とするため、よりバイテク化に依存している。中心になっているのは、植物工場と農地を大規模化してロボットが行なう「スマート農業」であり、それに見合った種子の開発で、そこにいまゲノム編集技術などのバイオテクノロジーの応用が進んでいる。

この動きは、農水省が進める「みどりの食料システム戦略」に対応している。食料安全保障政策を推進するために農水省が打ち出した方向がこの「みどりの食料システム戦略」によく表れている。農業の量的、質的転換を目的としているが、ここには現場からの発想はまったくない。大学やベンチャー企業によるバイオテクノロジーを軸とした種子の開発、大企業によるAIを軸とした生産システムの構築、その生産システムを軸にした流通まで含めた全体像の確立を打ち出しているのである。

その代表的な取り組みが、ゲノム編集作物などの遺伝子操作作物の開発である。二〇二四年三月現在、すでに二種類のトマト、トウモロコシ、トラフグ、マダイ、ヒラメの計六種類の作物と魚の市場化が認められており、そのうち四種類がすでに市場に登場している。これらの食品に対して日本政府は規制をしなかった。環境への影響評価も、食品としての安全性評価も、食品表示も必要ないとしたのである。その最大の理由が、食料安全保障にあるといってもいいだろう。これは日本だけのものではない。あれほど食の安全や環境に配慮した政策を基本としてきた欧州でも、同様の動きを示しているのである。

その他にも、鳥インフルエンザ・豚熱（豚コレラ）など、家畜や鶏、魚などの動物の感染症対策で遺伝子操作によるワクチン開発が進められている。人間と同様に、動物もまた、病気はワクチンで防ぐという考え方になっている。そこでは、過密飼育などの工業的畜産から健全な飼育をめざすという方向は顧みられていない。

化学農薬や肥料に代わるものとして、RNA農薬、遺伝子組み換え微生物肥料の開発も進められている。国産の農薬や肥料の柱として、遺伝物質そのものや、遺伝子操作した微生物を原料にしようというのである。RNA農薬とは、外からRNA（リボ核酸）をばらまき、それが昆虫の中に侵入すると、突然死を引き起こすようにしたものである。微生物肥料は、窒素を作り出す潜在能力を持つ微生物を見つけ出し、その微生物を遺伝子組み換えで改造して窒素を作り出す能力を持たせ、さらにその能力を強化したのである。

そして工場で作る食料である代替肉・昆虫食・培養肉のフードテックの開発である。代替肉では、微生物を培養して、その微生物が作り出す蛋白質を食品に用いようとしている。昆虫食では、コオロギなどを蛋白源に用いようとしている。主に昆虫を乾燥させて粉末状態でパンや麺などに混ぜる方法がとられている。そして培養肉では、牛や豚、魚などの筋肉などの細胞を培養して食肉に用いようとしている。いずれも工場で作り出す人工的な食品であり、食の安全を脅かすものである。

## 海の防衛と食料安保

いま食料安全保障の波は、国防と一体化して海を変えようとしている。

海洋基本法は第一次安倍政権が成立させ、二〇〇七年七月二〇日に施行された。この法律は国連海洋法条約にもとづくものであり、もともと海洋資源の保護と海の環境を守ることが主眼だった。その法律が「改正」されたのが、二〇二一年九月一日だった。この法改正は、第四期海洋基本計画に合わせたものである。その目的は、①総合的な海洋の安全保障、②海洋の開発と海洋資源の確保、③企業による海洋生物の利用、にある。海の位置づけを、軍事優先に大きく転換させたのである。

海にかかわり、もう一つ重要な法改正が行なわれた。新漁業法（漁業法等の一部を改正する等の法律）がそれである。二〇一八年一二月に成立し、二〇二〇年一二月に施行されている。この法改正では、海の規制緩和と企業による投資・操業の自由化が打ち出された。これまで漁業の主体は漁民だった。それを大企業に変えるための法改正であった。

海をめぐる新たな動きは、海洋基本法と新漁業法が両輪となる形で進行している。一方は国防を主眼に置き、他方は漁業を漁民から取り上げ大企業に移行させる動きである。海は防衛の最前線であり、海底鉱物資源の開発を促進するとともに、漁業資源採取の主役を漁民から企業へ移行させようとしているのである。農業では農協を、漁業では漁協をつぶし、その主体を大企業に移行させるとともに、海岸沿いを漁業からエネルギー安全保障で推進を図っている洋上風力の場にしようとしている。

さらに、漁業の柱を大型陸上養殖に移行させることも目的とされている。大型陸上養殖は、魚の工業的生産といってよい。実際、その養殖施設は漁業としての規制は受けず、工業施設と位置づけられている。立地での制約はなく、砂漠でも大都市でも設置できる工場である。水産庁も大型陸上養殖への移行に力を入れ始め、養殖事業性評価ガイドラインを作成（二〇二〇年四月）して、陸上養殖に取り組む企業への投資や融資を促し、さらに養殖業成長産業化総合戦略までも策定している。

いま、大型陸上養殖場の建設が各地で進んでいる。京都大学と近畿大学が設立したリージョナルフィッシュ社を軸に、それに見合ったゲノム編集魚の開発も進められている。沿岸漁民の生活を奪い、海の漁業は大企業に移行させ、さらにその先は漁業の主力を大型陸上養殖に移行させるとともに、成長を意図的に早めたゲノム編集魚の開発を進めているのである。

農業と同様、漁業もまた、工業化・ハイテク化が食料安保の要の位置にある。日本が経済安全保障の柱にしているハイテク化を、第一次産業に導入していく戦略だともいうことができる。それは同時に、食の安全を脅かすことになる。

## エネルギー安全保障でなぜＬＮＧか

経済安全保障での特定重要物資としてエネルギー分野で入ってきたのは、天然ガスである。日本は、天然ガスを低温で液化したＬＮＧ（液化天然ガス）として輸入している。なぜＬＮＧなのか。日本のエネルギー自給率は、二〇二一年には一三・四％にすぎない。食料自給率より低い。しかも一次エネルギーの供給は、大半が化石燃料で、その依存度は八三・二％に達する。石油三六・三％、石炭二五・四％、ＬＮＧ二一・五％である。日本政府も脱炭素化の掛け声は大きいものの、まったく内実はともなっていない。残り一六・八％が、原子力（三・二％）、水力（三・六％）、再生可能エネルギーなど（一〇・〇％）である。

この構造でエネルギー安全保障はあり得ない。ではいったい、どうしようというのだろうか。食料の場合と同じく、エネルギー資源を海外に依存する体制は変えることができない状況にあり、安定的な輸入先に依存することが第一に掲げられることになる。

その際、なぜＬＮＧが問題になったかというと、第一の理由として、石油や石炭に比べて、二酸化炭素の排出の割合が低いことがあげられる。そのため石油や石炭を減らしながらＬＮＧの割合を高くしていこうというのである（だがＬＮＧは温室効果ガスのメタンガスを大量に発生させる）。第二の理由は、ＬＮＧへの依存度を高めようとすると、輸入先が問題になってくる。最大の輸入先はオーストラリア三八・三％である。第二の輸入先はマレーシアで一三・七％である。問題は第三の輸入先がロシアであり、九・五％を占めていることである。しかも二〇二一年には中国の輸入量が急増して世界最大のＬＮＧ輸入国になり、価格急騰を招いたのである。そのことが経済安保の重要指定物資の中にＬＮＧが入ってきた理由である。

エネルギー安保でも食料安保と同様、輸入先を敵国・味方の国に分け、味方に限定しようとしている。特にこれから依存度を強めていこうとしているのが、米国である。米国では二〇一七年からシェールガスの生産が急増し、世界最大の生産国となり、世界最大のＬＮＧ輸出国になろうとしているからである。

しかし、石油・石炭を減らしていく前提のもとでＬＮＧに依存することには限界があるため、エネルギー安全保障は、原発をもう一つの柱に据えている。

もともとエネルギー安全保障の要は原発だった。一九七〇年代にオイルショックが起きた際、石油から原子力への転換が図られた。その一つの理由が、このエネルギー安全保障であった。原油の供給先である中東が政治的に不安定であり、しかも石油を武器にしはじめたことから、価格が高騰するなど、不安定になってきたことがその要因である。そして主要な資源国の政権が安定しているウランへの転換を図ったのである。

ウランの主な資源国は、米国、カナダ、オーストラリア、南アフリカである。しかも、当時の日本政府は核燃料サイクルの確立に力を入れており、プルトニウムの利用が可能になれば純国産エネルギー資源と位置づけることができると考えてのことである。

## やはり原発に依存だが

しかし、核燃料サイクルや、そこから供給されるプルトニウムを利用する高速増殖炉の開発は破綻し、先行きが見えない状況に陥ってしまった。そして起きた福島第一原発事故は、もはや原発復活を不可能にすると思われた。しかし、ここにきてまた原発復活の動きが加速してきている。その口実になったのが「脱炭素化」である。

二〇二三年五月一二日にはGX（グリーン・トランスフォーメーション）推進法が可決成立し、五月三一日にはGX脱炭素電源法が可決成立し、あわせてエネルギー政策の大枠が決定された。この決定の最大のポイントは、原発を「クリーンエネルギー」と位置づけ、原発回帰を打ち出したことである。福島第一原発事故後、「原発依存度を低減する」としていた方針を改め、既存の原発の延命を図り、運転開始から六〇年を超えた原発も経産省の認可があれば稼働できることも盛り込んだ。さらには次世代炉の開発に資金が投入されることにもなったのである。

原発推進を加速する際に大きな壁になってきたのが、事故を起こした福島第一原発の処理問題と、核のゴミ問題である。いずれも大きな壁となって立ちふさがってきていた。福島第一原発事故の処理問題では、まず、貯まりつづけるトリチウム汚染水の処理から取りかかった。汚染水の放出は二〇二一年四月一三日に決定され、その後、ＩＡＥＡ（国際原子力機関）などとともに「安全」を強調し、韓国など周辺国に働きかけ、実行に移した。そこで政府は、「科学的根拠」にもとづき安全性に問題はなく、実害はない、あるのは「風評被害」だとして、批判を受け付けようとしない高圧的な姿勢をとっている。

日本政府はあくまでも「処理水」と言い、汚染水とは言わない。しかし、放射性物質であるトリチウムが除去されないまま含まれており、その他の放射性物質も薄められているとはいえ、多種類含まれている。中でも炭素14は、トリチウム同様に除去されないままである。とても安全に処理されたとは言えない。だが、東京電力は、政府のお墨付きを得て、二〇二三年八月二四日から汚染水の放流に踏み切った。

ここであらためて放射能の毒性について考えてみたい。放射能は生命体と相容れないものである、という認識が薄れつつあるのではないか。生命体は放射線への防御の仕組みを持っておらず、被曝線量に応じて健康被害が起きる。とりわけ問題となるのが、内部被曝と不均一被曝である。放射線被曝では、外部から被曝する場合と、呼吸器系や食べ物を通して体の中に取り込み、内部で被曝する場合があり、当然、内部被曝のほうがリスクは高くなる。

また不均一被曝とは、体の中で被曝する場合、平均して被曝するのではなく、偏って被曝するため、その部分でダメージが大きくなることをさす。たとえば、ヨウ素は甲状腺に、プルトニウムは肺に、ストロンチウムは骨髄に、というように、特定のところに集まり、被曝する。トリチウムの被曝問題でもこれらのことが大きく影響する。

トリチウムは水素と化学的には同じ性質を持っているため、化学的には除去できない。しかし、物理的性質が異なるため、沸点や融点の違いを利用すれば除去できるし、その方法での除去装置も開発されている。それを使用しないのはコストの問題で、海に流したほうがコストがかからないからである。

海に流した際に、何が問題になるのか。水素と化学的性質が同じであることから、トリチウムが生体内の水素と置き換わり、とどまることが起き、それを「有機結合型トリチウム（OBT）」という。トリチウムが生体内に取り込まれ、排出される量が半分になる期間を生物学的半減期といい、通常はおよそ一二日前後である。この生体内の水素との置き換わりがなければ、体内に取り込んだトリチウムはすぐに体外に排出され、問題は起きにくい。しかし、置き換わりが起きれば、生体内にとどまりつづけ、不均一被曝の影響が大きくなる。この場合のトリチウムの半減期は約一二年であり、長い間影響を受けつづけることになる。

この有機結合型トリチウムへの置き換わりは、DNAなど染色体を構成する部分で起きやすく、遺伝子の損傷をもたらす可能性がある。加えてトリチウムは、やがてヘリウムに変わる。そうなると水素がトリチウムと置き換わっていた部分で結合が失われる。DNAの塩基配列は、水素結合で成り立っており、その結合が壊れると遺伝子が破壊されるため、ここでも健康被害や遺伝的影響が懸念されることになる。

福島第一原発の汚染水には、大量の藻類、プランクトンや細菌などの微生物が流れ込んでおり、特に微生物は繁殖している可能性が大きい。その微生物などで有機結合型トリチウムが発生し、それが魚や海藻などに取り込まれて生物濃縮を起こし、食品を汚染していく可能性がある。政府や東電は放流後の調査で問題は起きていないとしている。しかし、まだわずかずつしか流しておらず、有機結合型トリチウムの生物濃縮が起きやすいのはこれからである。もっとも懸念されるのは、世論の関心が弱まってくる時期を狙って汚染水を大量に放出しはじめることである。

## 核のゴミ問題

核のゴミ問題をめぐって、原発は「トイレのないマンション」と言われつづけてきた。このまま稼働を再開していけば、やがて原発の稼働が廃棄物問題で行き詰まることは明らかである。そのため経産省は、二〇二三年二月一〇日に「高レベル放射性廃棄物の最終処分の実現に向けた政府を挙げた取組の強化について」という報告をまとめ、さらに直後の四月二八日には「放射性廃棄物の最終処分に関する基本方針」を閣議決定し、ゴミ捨て場の最終処分場選定に向けて積極的に動き始めた。これまでは自治体のほうから手を挙げるのを待っていたが、政府のほうから積極的に働きかけることにしたのである。これまで文献調査に手を挙げている北海道の寿都町《すっつちょう》と神恵内村《かもえない》以外の自治体に働きかけを開始し、そして手を挙げたのが長崎県の対馬市だった。いったん同市の市長が文献調査を受け入れない姿勢を表明したものの、市議会を中心に受け入れようとする動きがくすぶっている。対馬市が受け入れれば、他の自治体でも受け入れが進み、その中から次のステップに向かう自治体が出てくることになりかねない状況になる。

最終処分地選定は三つのステップから成り立っている。最初は文献調査、次が概要調査、最後が精密調査である。その調査を踏まえて最終処分地が決定される。文献調査を受け入れると、最大二〇億円が得られる。寿都町と神恵内村については、次のステップである概要調査へ移行させようとしている。もし概要調査を受け入れれば最大七〇億円が得られる。金をエサに受け入れさせようとしているのである。

政府が原発に次いでエネルギー安全保障の柱にしようとしているのが、再生可能エネルギーである。この再生可能エネルギーが電力消費量に占める割合は、二〇二一年には二二%にまで達している。政府は再生可能エネルギーの主力電源化を掲げ、二〇三〇年には三六〜三八%の目標を掲げている。しかし、電力供給が不安定になるとして、再エネは主力にならないという考え方もあり、再エネの中で比較的安定して発電が可能だとして、日本政府がこれからの主力に置こうとしているのが、洋上風力発電である。

しかし、日本における洋上風力発電の建設は、ヨーロッパのような海岸線から離れたところで浮かせて発電する浮体式洋上風力ではなく、海底に固定する方式のため、海岸線から至近距離で設置が進んでおり、海岸線の環境を破壊し、海の生態系を破壊し、漁業を破壊し、住民の健康にまで影響を及ぼしているのである。

## 知的所有権強化が奪う市民の権利

経済安全保障が取り組む四分野の中で、特異な位置を占めているのが、秘密特許である。特許の非公開制度の策定は、これまでの特許制度を覆すことになる。特許権は公開を原則にしてきたからである。発明者に対して公開と同時に権利を与え、その特許を他者が使用する場合には発明者に権利料が入るようにしている。ハイテク化が進み、技術開発が大きな意味を持っているため、知的財産権の持つ意味は年々強まっている。企業戦略の中ではもちろんのこと、国家戦略としても知的財産権は大きな位置を占めてきている。その中で新たな状況が登場することになる。

一九九五年にWTO（世界貿易機関）が設立される前年、それに向けてTRIPs（知的財産権の貿易関連の側面に関する）協定が締結され、知的財産権保護の強化は一気に加速した。特許制度は、属地主義と呼ばれる各国主義がとられ、各国ごとに制度が異なるため、それぞれの国に申請して承認されなければいけない。それでは貿易障壁になるということで、国際的な統一化と「国際特許」という考え方が取り入れられるようになった。そのため、一九九九年から特許G7（先進国特許庁長官非公式会議）が始まった。知的財産権の国際化である。それにともなって知的財産権の重要性がさらに増し、各国が知財戦略を強化しはじめたのである。

日本で知的財産権を国家戦略にしたのは、小泉政権だった。二〇〇二年二月、小泉首相が施政方針演説で知的財産権を国家戦略にすると表明し、翌月には知的財産戦略会議が設置され、七月には知的財産戦略大綱が決定された。一一月には知的財産基本法が制定され、二〇〇三年三月には戦略本部が設置されるという素早い対応だった。その戦略本部が、二〇〇三年七月に「推進計画2003」を策定し、動き出したのである。

社会全体でハイテク化が進むとともに、知的財産権の持つ重みがさらに増し、各国が国家戦略化していく中で、自由貿易協定をめぐる交渉においてもその扱いを強化する動きが出てきた。

自由貿易協定では通常、知的財産権に関してはWTOのTRIPs協定が基本に据えられてきた。しかし日本を含めた広域の自由貿易協定であるTPP（環太平洋経済連携協定）では、単にTRIPs協定で収まらず、「TRIPsプラス」という考え方が取り入れられたのである。そこで加えられたものとは、①手続きの簡素化、②特許や著作権期間の延長、③保護範囲の拡大、④違反への罰則の強化、などである。

このように相次いで知的財産権が強化される中で、各国とも知財戦略を取り入れてきたが、それが安全保障とぶつかることになってきた。

先端技術の開発では、特許権の取得が大きな意味を持つ。その技術を独占的に囲い込むことができるからである。しかし、特許権を取得することは、基本的に公開を意味する。いま技術はデュアルユース化している。民生用として開発したものが軍事用としても効果を発揮するケースが広がっている。そこで採用が進んでいるのが、秘密特許制度である。

特許出願された技術は通常、原則として一年六カ月が経過した後に公開される。公開と引き換えに、その技術を使う場合は、開発者に権利料を支払わなければならない。そのように公開が原則の特許制度だが、公開しない秘密特許制度を取り入れている国は多い。特許制度が確立している七〇カ国の七割以上が認めている。TRIPs協定が七三条で、軍事技術や核兵器などに例外的にこの制度を認めたからである。しかし、秘密特許は、特許制度の趣旨に反するため、開発にブレーキをかけかねないことなどから、各国ともに扱いは慎重である。

この秘密特許制度は、また市民の知る権利を奪うものでもある。現在でも知的財産権は、情報を隠すための手段になっている。たとえば、食の安全審査などに関して、市民の生活や健康にとって大切な情報の公開を求めても、肝心な部分はほとんど墨塗り状態で示され、見ることができない。その口実になっているのが「知的財産権」である。秘密特許制度は、その墨塗り状態となる範囲がさらに拡大し、その理由がさらに示されなくなるおそれが強まる。

## 総仕上げとしての全国民管理

マイナンバーカードを軸に国民を管理していく方針は、第二次安倍政権が発足とともに打ち出したイノベーション戦略推進政策から本格化した。

二〇一三年六月七日には「科学技術イノベーション総合戦略」が閣議決定された。政府が情報を収集していくうえで壁となる個人情報の問題を撤去するため、二〇一七年五月三〇日には改正個人情報保護法を施行し、個人情報の収集・利用を行ないやすくしている。さらには二〇一八年五月一一日には次世代医療基盤法を施行して、個人情報を解析して利用することを容易にしている。安倍政権はまた、カルテや検査データなどの個人情報を収集し、企業や研究機関が利用できるようにしようとしてきた。

そして二〇一八年六月一五日に、安倍政権はそれまで進めてきたイノベーション戦略をさらに加速するため、「統合イノベーション戦略」を閣議決定し、統合イノベーション戦略会議設置を決めた。こうして次々と、個人情報利用にかかわる規制を緩和し、阻害物を排除して推進していく姿勢を鮮明にしたのである。

そして、コロナ禍の中でデジタル庁が発足し、感染対策が一段落したことで、安倍政権、菅政権を引き継いだ岸田政権によって、マイナ保険証が動き出していく。このマイナ保険証は、幸いなことに市民の多くが拒絶反応を示したことから、ほとんど進行していない。しかし、国は普及をあきらめてはいない。

このマイナ保険証は、顔認証システムと一体化したものである。顔認証は、国が個々人を管理するのに最適な方法である。

すでに政府は「マイナポータルのＰＨＲ化」を進めている。マイナポータルとは、政府が運営するオンラインサービスのことで、マイナンバーと連動して運営していく仕組みである。ＰＨＲ化とは「Personal Health Record」化ということで、個人の健康情報ということになる。個々人の健康や病気にかかわる情報を、政府がマイナンバーを通して一元的に管理していこうとするものである。政府はマイナンバー制度を利用して、ゆりかごから墓場までの、個々人の生涯にわたる健康や病気にかかわる情報を一元管理することをめざしている。

いま、ネット社会と呼ばれる、インターネットを中心に動く社会がつくられ、便利さと裏腹に超管理・監視社会が出現しつつある。それが病気や身体という究極の個人情報の中でも実現されようとしている。

病院以外でも、学校ではいま「ＧＩＧＡスクール」という名のもと、タブレットでの授業が広がっている。ある試験問題が出され回答すると、タブレットの扱い方や触れ方も含めて、学力判定や性格判定が行なわれる。身体測定や健康診断のデータも集められ、「将来あなたはこのような病気になります」と判定が伝えられ、薬を勧められ、生活習慣が指導されることになる。

インターネットやクレジットカードなどで商品を購入すると、相手先にデータが蓄積され、消費者一人一人の好みや身体の情報、さらには人格といったプライバシーまで、企業によって掌握されるようになる。コンピュータの分析によって、その人が独身なのか、交際中か、結婚しているのかなどの情報はすぐわかるという。フェイスブックの「いいね」の押し方で、政治的傾向やＩＱ、性的指向まで「判定」されることは、イギリスのマーケティング会社であるケンブリッジ・アナリティカ社によってアメリカ大統領選などに政治利用されていた事件でよく知られるようになった。

学校での身体情報がどのような種類のスポーツ選手の育成に役立つ可能性があるかといったことや、小さい頃の食生活がどのように将来の病気や介護とつながっていくかといったことについて、分析が進められることになる。もちろん、そんなことはごく一例にすぎない。

血液は情報の宝庫である。採取された血液や細胞などの生体試料を用いると、ビッグデータに入力されたさまざまな人の病歴・妊娠や出産歴・食生活・喫煙や飲酒・ＩＱや学校の成績・家系や遺伝情報・身体測定・犯罪や非行経験などにもとづきＡＩが解析し、あなたの未来はこうなります、と提示する。このデータは将来、戦争ができる国づくりの中で、徴兵制が設けられた際に有効に利用できる。

遺伝子情報とつながると、当人だけでなく、家系全体が対象になる。政府による国民一人一人の管理が、体の内部にまで及ぶことになるが、その管理の網が未来の世代までいきわたることになる。そこには「日本民族の質の向上」という優生学の世界がやってくる。このように遺伝子の解析は、将来の予測、世代を越えた予測が可能になり、最終的には「優秀な国民」づくりを進めることができる。

総合化した「安保」体制の要は、監視体制の強化である。戦争できる国づくりが、このように足もとにまで押し寄せている現実がある。

終章

# 悪法とたたかう流儀

海渡雄一

## 長いリードタイムがあった盗聴法反対活動

盗聴法＝通信傍受法は一九九九年に成立したが、いまから振り返ると、当時の悪法との闘いには長いリードタイムがあった。

法制審議会に通信傍受法を含む組織犯罪対策法案が諮問されたのは一九九六年一〇月のことだった。法制審刑事法部会（井上正仁部会長）で審議が行なわれ、一九九七年九月に「組織的な犯罪に対処するための刑事法整備要項骨子」が採択された。この時点で日本弁護士連合会(日弁連)は反対の意見をまとめていた。法案の国会提案時は「自社さ」から「自公」に連立が組み替えられる時期であった。法案の与党審査には、社民党から保坂展人氏(現・世田谷区長)が出席しており、長い時間をかけ、連立が組み替えられるまで、与党審査は続いた。

民主党の枝野幸夫氏、共産党の緒方靖夫氏、社民党の福島みずほ氏らが、有楽町で共同の街宣を行なった。弁護士ネットワークは、集会でミニ演劇を演じて法案の危険性を訴えた。現職の裁判官である寺西和史裁判官を集会に呼ぼうとし、裁判所から注意を受けて登壇は辞退してもらったものの、登壇できなかったことの釈明をしただけの会場発言をとらえて、裁判官による「政治活動」だとして戒告処分とされた。この処分をめぐる裁判には一〇〇〇人を超える弁護士が寺西氏の代理人となり、最高裁決定には多くの反対意見が付された。

盗聴法案の審議が大詰めを迎えていた一九九九年六月二四日、文化人と弁護士のよびかけで開かれた「許すな盗聴法！　六・二四大集会」には八〇〇〇人が参加した。民主党の菅直人代表、共産党の不破哲三委員長、社民党・土井たか子党首、さきがけ・武村正義代表、二院クラブ・佐藤道夫代表、国民会議・中村敦夫参院議員があいさつした。労働組合からも、全労連、東京全労協の代表があいさつし、連合は「法案に強く反対する」とのメッセージを寄せた。野党が一致して治安強化の悪法と闘うことのできた時代だった。

一九九九年八月一三日、野党議員による長時間のフィリバスター演説などの攻防のすえ、法案は成立した。

しかし、私たちはそこで反対運動をやめなかった。盗聴法の廃止法案はその後も長く国会に野党共同で提案されつづけたのである。

市民の強い反対の声を受けた公明党の提案によって、盗聴法の対象犯罪は覚せい剤などの薬物と銃器の取引、組織的殺人、集団密航の四種類の犯罪に限定され、傍受が適切に行なわれることを確保するために、NTTなど通信事業者の常時立ち会いを義務づけることとした。反対運動とこのような強い規制により、令状の発布件数は激増するには至らなかった。

二〇一五年に改正盗聴法が成立し、二〇一九年六月一日から全面的に施行された。この改正では、新たに九つの犯罪が対象として追加され、窃盗、詐欺、殺人、傷害、放火、誘拐、監禁、爆発物、児童ポルノが、盗聴可能犯罪となった。ほとんどの主要犯罪について盗聴捜査が可能となってしまったのである。

いちおう、「当該罪に当たる行為が、あらかじめ定められた役割の分担に従って行動する人の結合体により行われるものに限る」とされているが、共犯事件であれば、どれでも当たるほど緩い要件であり、限定されているとはいえない。ところが、政府が、取調べの可視化などとセットにして提案したため、日弁連は、この盗聴拡大について明確に反対できなかった。

そしていま、確実に盗聴件数は増加してきている。悪法に慣れたとき、悪法は真の悪法としての姿をあらわすのである。

## 私たちはなぜ秘密保護法に反対しつづけたか

二〇一三年一二月六日、特定秘密の保護に関する法律（以下「秘密保護法」という）が制定され、二〇一四年一二月一〇日に施行された。

私たちが反対した理由は本書の第二章で詳しく紹介したとおりである。

特定秘密保護法が提起される前に、自民党は一九八五年に国家秘密法・スパイ防止法を国会に議員提案しているが、このときは、社会党・総評ブロックと日弁連による強力な反対運動によって廃案に追い込むことに成功した。

その後、秘密保全法制の検討がいつ始まったか。二〇〇九年の政権交代によって民主党が政権を担っている時期、二〇一〇年に起きた尖閣諸島沖における漁船衝突映像がインターネット上に流出した事件がきっかけだと説明されることが多い。しかし、実際にはその前の自民党政権から検討は続いており、中断していた動きがこの事件を契機に再開したのが正確な経緯である。

この時も、法案に反対する運動は長い準備の期間をとることができた。私が前田哲男氏と共著で『何のための秘密保全法か――その本質とねらいを暴く』（岩波ブックレット）を出版したのは二〇一二年一〇月のことである。そして、日比谷野音を埋め尽くす集会ができたのは、その日の深夜に法が成立した二〇一三年一二月六日のことであった。

このような反対の盛り上がりを受けて、法成立後も市民は法の運用基準に対するパブリックコメントに取り組み、日弁連は、二〇一四年九月一九日付けで「特定秘密保護法の廃止を求める意見書」を発し、立憲野党は法の廃止を求める法案を国会に提案したのである。数百人の弁護士たちが立ち上がり、「秘密保護法対策弁護団」を結成し、内部告発者とジャーナリストや市民活動家がこの悪法によって検挙される事態に備えた。

現在までのところ、特定秘密保護法違反の案件は、自衛隊員が元上司にレクする際に特定秘密の内容をしゃべってしまったという詳細不明の事件が一件あるだけで、ジャーナリストや市民が検挙される事態は起きていない。自衛隊員の事件も不起訴とされ、その際に漏洩されたという秘密の内容は結局わからないままである。秘密保護法対策弁護団が事件の弁護活動に乗り出さなければならないような事態は今のところ避けられている。

## 一八年越しの共謀罪反対運動

共謀罪法は、二〇〇〇年に合意されたマフィア対策の国際条約である国連越境組織犯罪条約（UNTOC）の国内法として提案された。

国連越境組織犯罪条約の審議は一九九九年に開始された。私は、一九九九年四月にウィーンの国連欧州本部で開かれていた越境組織犯罪防止条約の起草委員会に出席しており、ウィーン滞在中に盗聴法案の衆院法務委員会可決の報を聞いた。

国連での起草過程をフォローしていた私たちの立場からすると、日本政府は英米法系の共謀罪ではなく、大陸法系の参加罪のオプションを採用して国内法案を提案してくるだろうと予測していた。日本政府は条約の審議過程でも、犯罪目的を認識したうえで、組織犯罪集団に参加することを犯罪化する参加罪オプションの修正案を出しつづけていたからである。

日本政府代表団は、「日本の国内法の原則では、犯罪は既遂か未遂段階に至って初めて処罰されるのであり、共謀や参加については、特に重大な犯罪に限定して処罰される。したがって、すべての重大な犯罪について、共謀罪や参加罪を導入することは日本の法原則になじまない」と述べ、明確に共謀罪を条約に盛り込むことに反対していた（A/AC.254/5/Add.3）。この日本政府意見は、日弁連の長年の共謀罪に反対する活動の原点となった。

二〇〇二年、法務大臣は新法制定を法制審議会に諮問した。意外なことに、共謀罪法の提案であった。政府は、国内に立法事実がないことを自認しつつ、純粋に条約批准のための対策として立法を提案するのだと説明した。

二〇〇三年、政府は第一五六回通常国会に共謀罪規定を含む組織犯罪処罰法の改正法案を提案した。日弁連は当初から条約審議の経過も踏まえて反対の意見を掲げた。二〇〇四年にはサイバー犯罪に関する条約の国内法化案と合体した形で第一五九回通常国会に再提出された。提案された法案は、野党の反対もあり、継続審議が続いた。郵政選挙で自民党が圧倒的な多数をとった二〇〇五年秋から、ついに法案の審議が始まり、二〇〇六年春には強行採決の危機を迎えた。しかし、このとき政府は強行採決を思いとどまったのである。衆院法務委員会での民主党の平岡秀夫、社民党の保坂展人らの鋭い反対の声を前に、小泉純一郎首相と河野洋平衆院議長らが話し合い、「平成の治安維持法」ともなりかねない人権侵害法案だとして、強行採決をストップさせたといわれている。

二〇〇九年に成立した民主党政権は、その政策インデックスにおいて、共謀罪を制定することなく国連組織犯罪条約（TOC条約）を批准することを公約していた。二〇一一年に法務大臣に就任した平岡秀夫氏は、野党時代に共謀罪反対の論陣の先頭に立っていた議員であり、この方針に沿って、条約批准と最低限の法制定を進めようとした。私はこのとき、日弁連の事務総長を務めていた。日弁連は平岡法務大臣とともに法務省の説得に努めたが、外務省の意見と折り合わず、大臣の交代とともに、この方針は実現できずに終わった。いま思い返しても、残念至極である。

二〇一二年末に自公政権が発足したが、日弁連は共謀罪法案対策本部を立ち上げて法案反対の旗を掲げつづけた。政府は二〇一六年夏頃から共謀罪法案(組織犯罪処罰法改正案)を「オリンピックのテロ対策のために必要」であるとの宣伝をはじめ、二〇一七年三月には国会に、本質は元の法案と変わらない新たな「テロ等準備罪法案」が提出された。

もともと共謀罪法の制定は、法務・外務省の主導で条約批准のために進められたことは疑いない。これに対して二〇一七年の法案は官邸主導で進められた。背後にいたのは、秘密保護法の時と同じ、内閣情報官だった警察出身官僚の北村滋氏である。

衆議院法務委員会ではわずか三〇時間の議論で強行採決され、参議院法務委員会に至っては、わずか一七時間五〇分しか議論されないまま、二〇一七年六月一五日午前七時四六分の参議院本会議における「中間報告」（国会法五六条の三）という異例の方法により法務委員会の採決が省略され、共謀罪法案の採決は強行された。

共謀罪については、以後、現在まで六年あまりが経過しているが、適用事件は報告されていない。それも、そもそも立法の必要性がなかったことと、強い反対の声があったからではないかと私は考えている。

## 市民と野党に準備の時間を与えない政府の戦術

野党が一致して悪法に大きな抵抗運動を展開することができたのは、共謀罪までであった。

その後、二〇二一年の土地規制法（戦前の要塞地帯法に相当する）・デジタル法、二〇二二年の経済安保法（戦前の国家総動員法に相当する）、二〇二三年の軍拡予算確保法と軍需産業強化法などについて、野党議員による鋭い批判が国会でなされる場面はあった。私たちも、「土地規制法廃止アクション」「経済安保法に異議ありキャンペーン」など市民運動体を組織し、沖縄の基地問題や日本学術会議の問題、武器輸出などの問題に取り組む市民団体とも連携して、懸命に問題点を市民の間に広げようとした。成果はあったと思うが、残念ながら、市民の記憶に残るような反対の活動を展開できなかった。

その理由ははっきりしている。いまは、法案が姿を表したら、数カ月で可決されてしまうからだ。大きな組織は意見をまとめる時間もない。私たち市民が野党とスクラムを組んで反対運動を準備するためのリードタイムをなくすことが、政府与党の国会戦術となり、拙速審議で悪法が成立させられることが、国会の日常となってしまっている。

野党の国会議員に、問題のある法案になぜ反対しないのかと問いかけると、市民の間に反対の声が広がっていない、と言われることがある。反対の声は、心ある国会議員の院内での活動と院外の市民の活動が連携して初めて広めることが可能なのだということを述べておきたい。

## 本書を武器に経済秘密保護法を許さぬ取り組みを

二〇二四年の通常国会に提出された経済秘密保護法案をめぐって、まさにこの終章を書いている現在、国会で審議が進められている。

本書で指摘してきたように、経済秘密保護法は、戦前の国家総動員法中の秘密保護規定に相当する。このような法律が成立したならば、いったん戦争前夜となった時、市民とジャーナリストの口をふさぐ凶器となるだろう。

私たちは二〇二二年の経済安保法の提案時から、この法案を注視してきた。私は二〇二三年二月、「経済安全保障分野におけるセキュリティ・クリアランス制度等に関する有識者会議」が立ち上げられた時点で、これは容易ならざる悪法が登場することを確信した。「秘密保護法対策弁護団」は、七月二五日に、有識者会議の中間論点整理に対応して、法案の提案に反対する声明を発した。二〇二四年一月一八日には、日弁連は、有識者会議の議論にもとづいて、法案反対の意見書を公表することができた。各地の弁護士会や市民団体は、次々に反対の声をあげている。ペンクラブの言論表現委員会のヒアリングにも応じた。本稿を書いている時点では、野党第一党である立憲民主党は、各界からの意見聴取を続けている段階であり、態度決定には至っていない。

三月八日の参議院予算委員会では、社民党の福島みずほ議員の質問に答えて、次のような重大な政府答弁がなされている。

「ＡＩ技術の中でも国が保有する情報の一部について指定される可能性がゼロだとは申し上げません」（高市担当大臣）

「（適性評価の対象が現状の一三万人から増えるかを聞かれて）いま具体的に何人ぐらいが対象になるとか、何件が対象になるということ、これが決まっているわけではございません」（同）

「電子カルテの情報ですけれども、どうしても確認する必要が生じた場合には内閣府から医療機関に個別に照会するということになります」（同）

「情報監視審査会と同様の機能を有する機関を国会に設けるか否か、これは政府から申し上げる立場にはないと思っていますが、いずれにせよ、国会の秘密会に対してこの重要経済安保情報を提供する」（岸田総理）

秘密指定の範囲のあいまいさ、適性評価によるプライバシー侵害の可能性、国としての監督制度の欠如が浮かび上がってきている。

いずれにせよ、この法律をめぐる論戦は始まったばかりである。島薗進氏による経済安保問題の俯瞰、二〇二二年の経済安保法の法案審議の際に衆・参の参考人意見公述で反対の論陣を張られた井原聰氏と坂本雅子氏の最新の論考、さらに近い将来に経済安保分野に飲み込まれてしまう可能性のある食糧・エネルギー分野の安全保障を論じた天笠啓祐氏の論考を含む本書は、この法案の問題の深みと広がり、日本の民主主義の未来に与えるインパクトを迅速に、かつ詳細に伝える武器となるものと確信する。

厳しい出版事情の中で、あらたに門出する地平社・熊谷伸一郎氏が、このような出版を決意し、最速スピードで編集にあたってくれたことに心から感謝する。

二〇二四年四月一日　執筆者を代表して

海渡雄一

島薗　進（しまぞの・すすむ）
宗教学者。東京大学名誉教授。上智大学神学部特任教授。グリーフケア研究所元所長。

井原　聰（いはら・さとし）
東北大学名誉教授。科学史・技術史。

海渡雄一（かいど・ゆういち）
弁護士。日本弁護士連合会事務総長など歴任。現日弁連秘密保護法・共謀罪対策本部副本部長、秘密保護法対策弁護団共同代表。

坂本雅子（さかもと・まさこ）
名古屋経済大学名誉教授。戦前戦後の日本経済史。著書に『財閥と帝国主義』など。

天笠啓祐（あまがさ・けいすけ）
ジャーナリスト。市民バイオテクノロジー情報室代表。日本消費者連盟顧問。

---

経済安保が社会を壊す

---

2024年4月23日──初版第1刷発行

**著者**……………………島薗《しまぞの》 進《すすむ》　井原《いはら》 聰《さとし》　海渡雄一《かいどゆういち》　坂本雅子《さかもとまさこ》　天笠啓祐《あまがさけいすけ》

**発行者**………………熊谷伸一郎

**発行所**………………地平社
〒101-0051
東京都千代田区神田神保町1丁目32番 白石ビル2階
電話：03-6260-5480（代）
FAX：03-6260-5482
www.chiheisha.co.jp

**デザイン**……………赤崎正一

**印刷製本**……………モリモト印刷

ISBN978-4-911256-04-6 C0031

---

地平社　